어 린 이
과학 인문
시 리 즈
②

원소 주기율표에서 DNA까지 세상을 바꾼 위대한 15명의 연구 업적

노벨상 수상자보다 빛난

천재 화학자들

어린이 과학 인문 시리즈 2

원소 주기율표에서 DNA까지 세상을 바꾼 위대한 15명의 연구 업적

노벨상 수상자보다 빛난 천재 화학자들

이억주 · 송은영 글 | 양혜민 그림

뭉치
MoongChi Books

드미트리 멘델레예프가 노벨상을 못 받았다고?

마리 퀴리(라듐 발견), 어니스트 러더퍼드(원자핵 발견), 프리츠 하버(암모니아 합성)……. 이들의 공통점은 무엇일까요? 노벨 화학상을 받은 사람들이에요.

드미트리 멘델레예프(주기율표 최초 고안), **윌리스 캐러더스**(나일론 발명), **리제 마이트너**(핵분열 발견), **윌리엄 크룩스**(음극선관 개발)……. 이들의 공통점은 무엇일까요? 노벨 화학상을 받지 못한 사람들이에요.

노벨 화학상을 받은 사람이나, 받지 못한 사람이나 과학사에 커다란 업적을 남긴 유명한 과학자들이지요.

주기율표를 만든 것으로 유명한 드미트리 멘델레예프가 노벨상을 받지 못했다고 하면, 사람들이 깜짝 놀라요. '왜 못 받았지?' 하며 고개를 갸웃거리지요. 나일론을 발명한 윌리스 캐러더스나 『침묵의 봄』이라는 책을 써 유명 인사가 된 레이첼 카슨도 마찬가지예요.

노벨상을 받으려면 몇 가지 조건이 맞아야 해요.

첫째, 인류의 삶에 영향을 미친 업적이 있어야 해요.

둘째, 새로운 이론, 기술 또는 방법이 중요한 변화를 일으켜야 해요.

셋째, 업적에 윤리적인 문제가 없어야 하고, 인류의 가치를 증진해야 해요.

넷째, 살아 있어야 해요.

다이너마이트를 발명한 스웨덴의 알프레드 노벨(1833~1896)의 유언에 따라 1901년부터 노벨상을 수여했어요. 과학 부문은 물리학, 화학, 생리의학으로 나누어 시상해요. 노벨 과학상은 인류의 삶과 과학 발전에 커다란 역할을 한 과학자들이 받게 되고, 노벨상을 받는 순간 전 세계적으로 유명한 과학자가 되지요. 일반인들은 물론 과학자들 사이에서도 존경받게 되고요. 그런 만큼 노벨상은 '상 중의 상'이 되었어요.

그래서 유명한 과학자들은 당연히 노벨 과학상을 받았다고 생각하는 경우가 많아요. 드미트리 멘델레예프가 대표적이에요. 블랙홀 연구로 유명한 스티븐 호킹, 우주팽창설을 주장한 허블, 정신분석학의 창시자 프로이트, 침팬지 연구의 대가 제인 구달 등도 유명한 과학자들이에요. 하지만 노벨 과학상을 받지 못했어요. 왜 그런지 궁금하지 않나요?

이제부터 그 비밀을 알려 줄게요. 너무나 유명한데, 과학적인 업적이 뛰어난데, 인류의 삶에 커다란 영향을 미쳤는데 왜 노벨 과학상을 받지 못했을까요? 노벨 과학상을 받지 못했어도, 상을 받은 과학자만큼이나 유명한 과학자들을 지금부터 함께 만나 보아요.

드미트리 멘델레예프는 도대체 왜 노벨 화학상을 받지 못한 걸까요?

2025년 12월

이억주·송은영 씀

차례

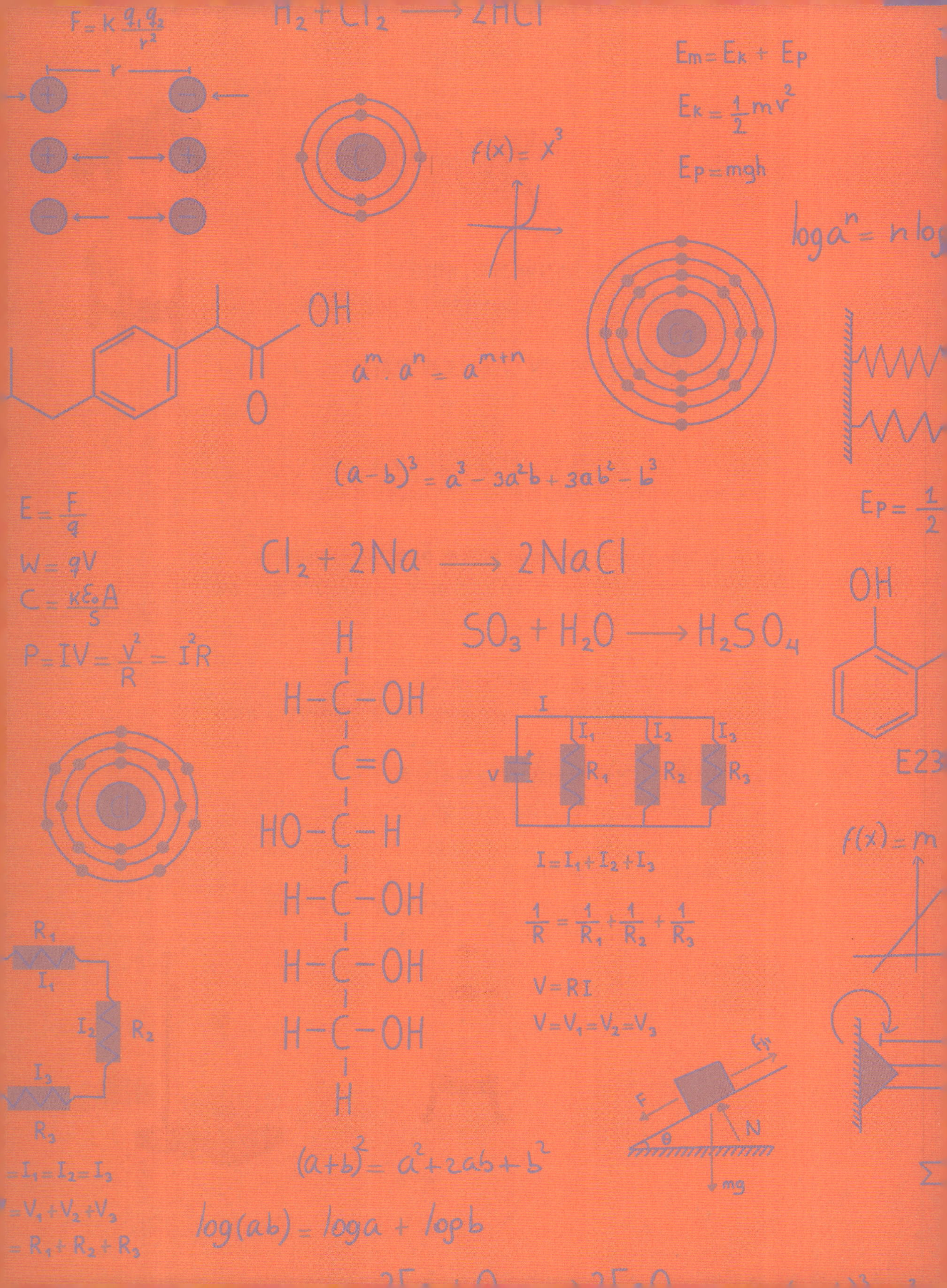

F = k q1 q2 / r²
H2 + Cl2 → 2HCl
Em = Ek + Ep
Ek = 1/2 mv²
Ep = mgh
f(x) = x³
OH
O
a^m · a^n = a^(m+n)
(a−b)³ = a³ − 3a²b + 3ab² − b³
E = F/q
W = qV
C = κε0A/S
P = IV = V²/R = I²R
Cl2 + 2Na → 2NaCl
SO3 + H2O → H2SO4
H
H−C−OH
C=O
HO−C−H
H−C−OH
H−C−OH
H−C−OH
H
I
I1
I2
I3
V
R1
R2
R3
I = I1 + I2 + I3
1/R = 1/R1 + 1/R2 + 1/R3
V = RI
V = V1 = V2 = V3
F
N
θ
mg
(a+b)² = a² + 2ab + b²
log(ab) = loga + logb
= I1 = I2 = I3
= V1 + V2 + V3
= R1 + R2 + R3
E23
f(x) = m

1장

주기율표에 세상을 담은

드미트리 멘델레예프

＊ 드미트리 멘델레예프

러시아의 화학자
1834년 출생, 1907년 사망
1869년, 러시아 화학회에서 주기율표에 관한 논문 발표
세계의 과학자들이 그의 업적을 기리기 위해 1955년에 발견된 101번째 원소에 '멘델레븀'이라는 이름을 붙임
러시아 화학회는 우수한 화학자에게 수여하는 '멘델레예프 메달'을 만듦

Dmitry Ivanovich Mendeleev

말이 아니라 행동을 앞세워라.
신성한 진리를 탐구하고, 과학의 탐구를 위해
꾸준히 노력해라!

사진 1. 드미트리 멘델레예프의 초상화.

누가 한 말이냐고? 내 어머니 마리아의 유언이야.

중국에는 '맹모삼천지교'라는 말이 있다고 하지? 맹자의 어머니가 아들의 교육을 위해 3번이나 이사했다는 말인데, 내 경우는 '멘모삼천지교'라고 할 수 있지.

아, 내가 누구냐고? 난 드미트리 이바노비치 멘델레예프야. 이름이 기니까 그냥 멘델레예프라고 부르면 돼. 나는 어머니의 이 유언을 평생 생각하며 살았어. 논문에도 "어머니의 유언을 소중히 생각하고 있습니다"라고 쓸 정도였지.

화학에 관한 관심은 유리 공장에서 싹텄어!

난 1834년 2월 8일, 러시아 서시베리아 토볼스크에서 태어났어. 막내로 태어나서 형과 누나들이 아주 많았지. 아버지는 학교 교장 선생님이었고, 어머니도 교육열이 대단했어. 내가 태어난 지 얼마 안 돼 아버지가 시력을 잃는 바람에 어머니가 생계를 위해 일을 해야 했지.

어머니는 외가에서 물려받은 유리 공장을 운영했는데, 그곳은 내 화학 실험실이 되어 주었어. 유리를 제조하는 과정을 지켜보고, 각종 도구를 이용할 수 있었지.

그런데 나에게 큰 불행이 닥쳤어. 13살 때 아버지가 돌아가시고, 15살 때 유리 공장이 불에 타 버린 거야.

교육열이 남달랐던 어머니는 내 교육을 위해 무려 3,000킬로미터나 떨어진 모스크바로 이사했어. 내가 '멘모삼천지교'라고 한 말이 이해되지?

난 상트페테르부르크 교육대학교에 입학해서 화학 교육을 공부했어. 이때부터 원소의 성질과 기체의 특징에 관심을 가지고 연구하기 시작했지.

그런데 두어 달도 채 안 돼 어머니가 심장병으로 돌아가신 거야. 어머니의 유언은 슬픔에 빠진 나를 일으켜 세워 주었어. 나는 열심히 공부했고, 수석으로 대학교를 졸업했지. 금메달도 받았고!

나는 1855년에 러시아 남부의 오데사에서 선생님으로 잠시 근무하다가, 본격적으로 화학 공부를 하기 위해 1857년에 상트페테르부르크 국립대학교에 입학했어. 그리고 1859년에는 국비 장학금을 받고 독일의 하이델베르크 대학교로 유학을 떠났지. 여기서 나는 유럽의 화학자들과 어울리며 첨단 화학 지식을 습득했어.

꿈에 원소들이 늘어서 있는 것을 보았어!

1861년에 귀국해서 과학책을 쓰며 지내다가, 1864년에 상트페테르부르크 국립대학교의 화학 교수가 되었어. 교수가 되어 막상 학생들을 가르치려고 보니 마음에 드는 교재가 없는 거야.

그래서 직접 화학 교재를 써야겠다고 마음먹었어. 내가 원소들의 분류 체계에 관심을 두기 시작한 것도 이때였어. 이때까지 알려진 원소는 모두 63개였지. 난 이 원소들 사이에 분명 어떤 규칙이 있을 거라고 확신했어. 이 규칙을 찾아 책에 넣으려고 했는데, 그 규칙이 잘 안 보이는 거야.

그래서 원소의 이름, 원자량, 성질 등을 63장의 카드에 쓰고, 다양한 방식으로 배열해 보았지. 그러다가 잠깐 잠든 사이에 꿈을 꾼 거야. 꿈에 원소들이 자기 자리를 잡고 늘어서 있는 게 아니겠어? 잠에서 깨자마자 표로 정리했지. 이게 바로 주기율표야. 1869년의 일이었지.

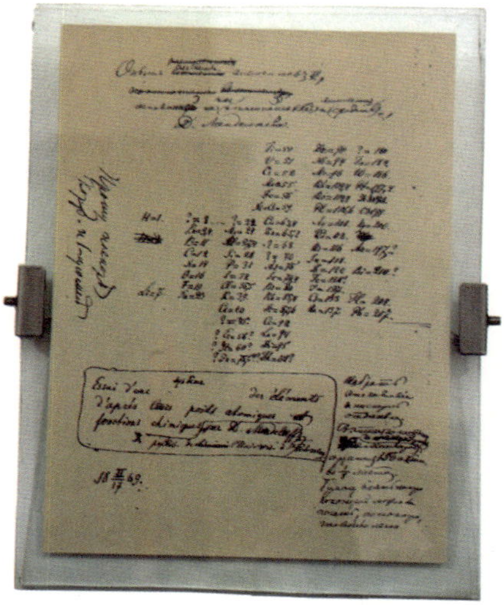

사진 2. 멘델레예프가 쓴 주기율표 원본 중 하나.

당시에 원소를 분류하는 작업은 화학자들의 최신 연구 분야였어. 유럽의 내로라하는 화학자들이 연구하고 있었지. 1862년, 프랑스의 광물학자 알렉상드르 드 상쿠르투아가 이와 관련된 연구 결과를 발표했어.

"원소를 나선형으로 배열하면, 비슷한 성질이 드러나는 원소들을 보기 좋게 분류할 수가 있습니다."

1864년에는 영국의 화학자 존 뉴랜즈가 '옥타브의 법칙'을 주장했지.

"음악에서 사용하는 음표를 이용해서 원소를 배열하면,
비슷한 원소들이 8번째마다 나타나게 됩니다."

그러나 이들의 원소 분류는 완전하지 못했어.

옥타브의 법칙

주기율표에서 원소를 순서대로 배열해 보면, 어떤 원소가 그다음 8번째에 나오는 원소와 성질이 비슷하다는 것이 '옥타브의 법칙'이에요. '옥타브(octave)'의 'oct'는 '8'이라는 뜻이고, 음계가 '도, 레, 미, 파, 솔, 라, 시, 도'처럼 8개로 구성되기 때문에 붙여진 이름이에요.

1869년 3월, 나는 책을 쓰려고 연구했던 원소의 주기율표를 논문으로 작성해 발표하면서 이렇게 얘기했지.

"제가 논문에서 제시한 것처럼, 원소를 수직 방향과 수평 방향으로 나누어서 배열하면 체계적인 원소 분류표를 만들 수 있습니다. 수직 방향은 원소의 원자량이 증가하는 순서대로 배열했고, 수평 방향은 유사한 성질을 가진 원소들로 배열했습니다."

여러분이 알고 있는 주기율표와는 방향이 다르지만, 처음에는 이랬어. 그런데 화학자들은 이런 원소 배열 방법을

Reihen	Gruppe I. — R^2O	Gruppe II. — RO	Gruppe III. — R^2O^3	Gruppe IV. RH^4 RO^2	Gruppe V. RH^3 R^2O^5	Gruppe VI. RH^2 RO^3	Gruppe VII. RH R^2O^7	Gruppe VIII. — RO^4
1	H=1							
2	Li=7	Be=9.4	B=11	C=12	N=14	O=16	F=19	
3	Na=23	Mg=24	Al=27.3	Si=28	P=31	S=32	Cl=35.5	
4	K=39	Ca=40	—=44	Ti=48	V=51	Cr=52	Mn=55	Fe=56, Co=59, Ni=59, Cu=63.
5	(Cu=63)	Zn=65	—=68	—=72	As=75	Se=78	Br=80	
6	Rb=85	Sr=87	?Yt=88	Zr=90	Nb=94	Mo=96	—=100	Ru=104, Rh=104, Pd=106, Ag=108.
7	(Ag=108)	Cd=112	In=113	Sn=118	Sb=122	Te=125	J=127	
8	Cs=133	Ba=137	?Di=138	?Ce=140	—	—	—	— — — —
9	(—)	—	—	—	—	—	—	
10	—	—	?Er=178	?La=180	Ta=182	W=184	—	Os=195, Ir=197, Pt=198, Au=199.
11	(Au=199)	Hg=200	Tl=204	Pb=207	Bi=208	—	—	
12	—	—	—	Th=231	—	U=240	—	— — — —

사진 3. 멘델레예프의 빈칸이 있는 주기율표.

긍정적으로 보지 않았고, 높게 평가하지도 않았어. 그들의 생각은 이런 거야.

"이런 식으로 원소를 배열하면, 우리가 기존에 알고
있는 원자량과 맞지 않는 결과가 나오게 됩니다.
또한 이 원소 분류표를 보면, 원소가 들어가 있지 않은
빈자리가 있습니다."

이런 차가운 반응에 나는 이렇게 답변했지.

"제가 발표한 분류표에 있는 원자량과 우리가 기존에
알고 있는 원자량 사이에는 분명하게 차이가 있습니다.
이것은 우리의 원자량 측정 기술이 정확하지 않았기
때문입니다. 정밀하게 원자량을 측정하면, 저의 결과가
맞을 거라고 확신합니다. 그리고 분류표의 빈칸에는
새로 발견되는 원소가 들어가게 될 것입니다."

내 예언대로 1875년에 갈륨이 발견됐고, 1882년에는 저마늄이 발견됐어. 이 두 원소는 내가 빈자리로 남겨 둔 곳에

정확히 들어맞는 원소로 확인되었지. 이렇게 해서 내 원소 분류 방법은 인정을 받게 되었어.

나는 주기율표를 만들어서 원소를 일정한 규칙에 따라 분류하는 방법을 알아냈을 뿐만 아니라, 당시에는 발견하지 못한 원소와 그것의 성질까지 예측했어. 많은 과학자가 이 주기율표를 화학계의 기념비적인 업적으로 높이 평가했지. 노벨 화학상을 받을 만하지?

그런데 나는 노벨상을 받지 못했어. 1906년도 노벨 화학상 후보에 올랐지만, 플루오린(원소 기호 F)을 분리하는 데 성공한 프랑스의 화학자 앙리 무아상에게 1표 차이로 밀리고 말았지.

하지만 난 내가 만든 주기율표에 내 이름이 들어 있는 것만으로도 만족해. 알고 있지? 원자 번호 101번 '멘델레븀'이 바로 내 이름을 딴 원소라는 거!

"멘델레븀을 내 어머니 마리아에게 바칩니다!"

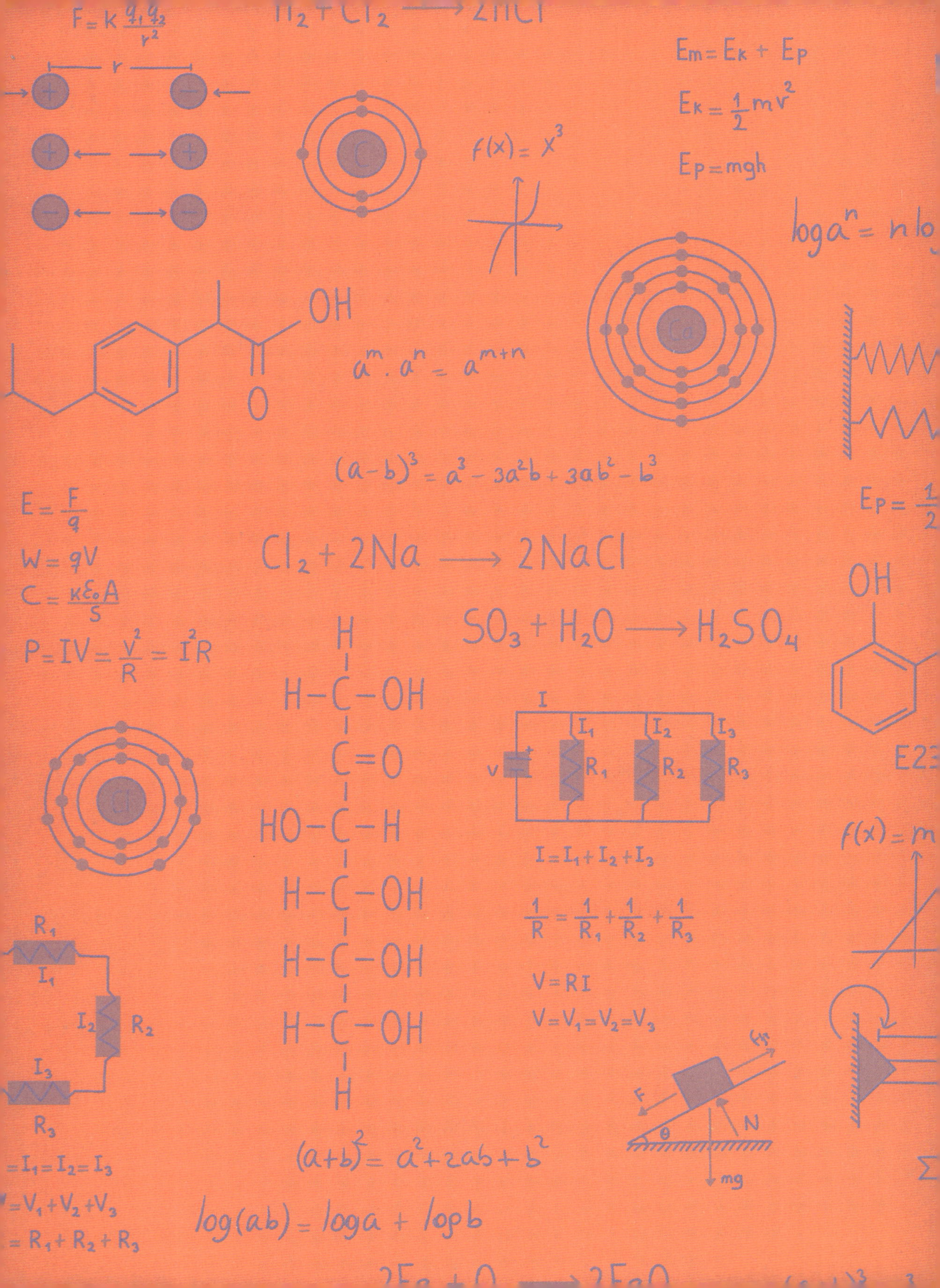

$F = k\frac{q_1 q_2}{r^2}$
$E_m = E_k + E_p$
$E_k = \frac{1}{2}mv^2$
$E_p = mgh$
$f(x) = x^3$
OH
O
$a^m \cdot a^n = a^{m+n}$
$(a-b)^3 = a^3 - 3a^2b + 3ab^2 - b^3$
$E = \frac{F}{q}$
$W = qV$
$C = \frac{\kappa \varepsilon_0 A}{S}$
$P = IV = \frac{V^2}{R} = I^2R$
$Cl_2 + 2Na \longrightarrow 2NaCl$
$SO_3 + H_2O \longrightarrow H_2SO_4$
$I = I_1 + I_2 + I_3$
$\frac{1}{R} = \frac{1}{R_1} + \frac{1}{R_2} + \frac{1}{R_3}$
$V = RI$
$V = V_1 = V_2 = V_3$
F
N
mg
$(a+b)^2 = a^2 + 2ab + b^2$
$log(ab) = loga + logb$

나일론을 발명한 월리스 캐러더스

* **월리스 캐러더스**
미국의 화학자
1896년 출생, 1937년 사망
최초로 나일론을 개발해 섬유 산업의 토대를 세움
합성고무 '네오프렌'의 기초를 마련함

Wallace Hume Carothers

난 독일의 화학자 헤르만 슈타우딩거야.
고분자 화학을 창시해서 1953년에 노벨 화학상을 받았지.
월리스 캐러더스가 고분자를 연구해 나일론을
발명하지 않았더라면, 난 노벨상을 받지 못했을 거야.
그래서 난 캐러더스에게 늘 감사한 마음으로 살았어!

사진 1. 연구실에서 포즈를 취하는 월리스 캐러더스.

안녕! 슈타우딩거 교수가 말한 사람이 바로 나야. 나야말로 슈타우딩거 교수에게 감사해. 내가 고분자 화학을 연구할 수 있는 길을 열어 주었잖아. 그가 노벨 화학상을 받은 것도 내가 발명한 나일론 때문만은 아닐 거야. 아무튼 고분자 화학은 내 인생을 바꿨어!

내가 가장 하고 싶었던 건 화학 연구였어!

난 1896년 미국 아이오와주 벌링턴에서 태어났어. 17살에 캐피털 대학교에 입학했는데, 이 대학교는 회계를 전문적으로 가르치는 곳이었어.

대학을 졸업했지만, 내가 정말 하고 싶었던 일은 화학 연구였어. 그래서 1915년에 타키오 대학교 화학과에 입학했지. 나는 학비를 벌기 위해 일을 하면서 대학에 다녔는데, 너무 무리했는지 갑상샘 기능에 문제가 생겼어. 그 무렵 제1차 세계대전이 일어나 참전하라는 명령을 받았는데, 병 때문에 면제를 받았지.

난 1920년에 일리노이 대학교 대학원에 입학해서 화학 공부를 이어 갔어. 그리고 1924년에 박사 학위를 받았지. 그리고 1925년, 하버드 대학교 화학과에서 학생들을 가르치는 동시에, 제임스 코넌트 교수의 연구실에서 고분자 화합물을 연구했어.

고분자 화합물이란 쉽게 말해 나일론, 폴리염화비닐, 스티로폼, 플라스틱 같은 물질이야. 당시에 이런 고분자 화합물은 최첨단 연구 분야였어. 앞에서 말한 슈타우딩거 교수를 시작으로, 전 세계에서 연구되었지. 그때 처음으로 고분자 화합물이 사슬과 같은 구조를 하고 있다는 것도 밝혀졌어.

난 대학에서 학생들을 가르치면서 연구하는 것도 좋았지만, 본격적으로 고분자 화합물을 연구하고 싶었어. 그래서 세계적인 화학 기업인 듀폰에 입사했지. 듀폰의 경영진이

나에게 이렇게 말하더군.

"우리 회사에 들어와 주셔서 감사합니다. 당신의 능력을 최대한 발휘해서 고분자 화합물을 연구해 주세요. 연구비는 아낌없이 지원하겠습니다!"

나일론이 세상을 바꿨어!

내가 듀폰에서 처음 시작한 연구는 합성고무였어. 20세기 초는 전기와 자동차의 대중화가 시작된 시기였거든. 그래서 전선과 자동차 바퀴에 쓰이는 고무가, 없어서 못 팔 지경이었어. 천연고무로는 수요를 감당할 수가 없어서, 합성고무가 절실하게 필요했던 거야.

그런데 내가 1년여 만에 '네오프렌'이라는 합성고무를 만들어 낸 거야! 합성고무는 천연고무보다 품질이 우수했고, 대량생산이 가능해서 고무 수요를 빠르게 해결해 주었지.

난 합성고무 개발에 성공한 후 합성섬유를 연구하기 시작했어. 당시에 '레이온'이라는 합성섬유가 있었는데, 물에 젖으면 탄력이 떨어지고, 대량생산이 어려웠지. 난 레이온

사진 2. 탄력이 좋고 가벼운 네오프렌 소재로 만들어진 스쿠버다이빙 옷.

의 이런 단점을 극복할 수 있는 합성섬유의 개발에 뛰어든 거야.

연구를 거듭한 끝에, 나는 '폴리아마이드'라는 물질을 개발했어. 그런데 내가 발명한 폴리아마이드는 녹는점이 너무 높았지. 녹는점이 높으면, 섬유로 사용하기 위해 길게 뽑아낼 수가 없거든. 그래서 난 폴리아마이드를 선반 위에 올려놓고 까맣게 잊어버렸어.

그러던 어느 날이었어. 폴리에스터를 연구하고 있던 동료가 폴리에스터를 비커에 담고 장난삼아 막대로 휘젓는 거야. 그랬더니 폴리에스터가 거미줄처럼 가늘고, 비단처럼 부드러운 실이 되더라고! 나는 생각했어.

'폴리에스터에 이런 성질이 있다면, 폴리아마이드에도 이와 비슷한 성질이 있을 거야!'

나는 선반에 올려 둔 폴리아마이드를 꺼내서 다시 연구를 시작했어. 그리고 1934년에 나일론 실을 개발하는 데 성공했지.

그런데 문제가 생기고 말았어. 나일론 실을 사용해 보니 질기지 않아서 잘 끊어지는 거야. 상품으로서의 가치가 없다는 의미지. 연구소장은 이렇게 말했어.

"이 나일론 실은 상업적으로 적합하지 않으니, 더 질긴 나일론 실을 개발하도록 하시오."

1935년, 나와 연구팀은 고생 끝에 더 질긴 나일론 실을 개발했어. 그런데도 연구소장은 흡족해하지 않았지.

"값이 싸야 상품으로 만들어서 팔 수 있는데,
새로 만든 나일론 실은 뽑는 데 돈이 너무 많이 들어요.
구하기 쉽고, 저렴한 원료를 사용해서
다시 나일론 실을 개발하시오!"

나일론 실을 개발하는 동안 나와 연구소장의 갈등은 계속됐어. 스트레스가 이만저만이 아니었지. 결국 내가 세상을 떠난 후에야 듀폰은 내가 발명한 나일론을 뉴욕 만국박람회에서 선보여 극찬을 받았어.

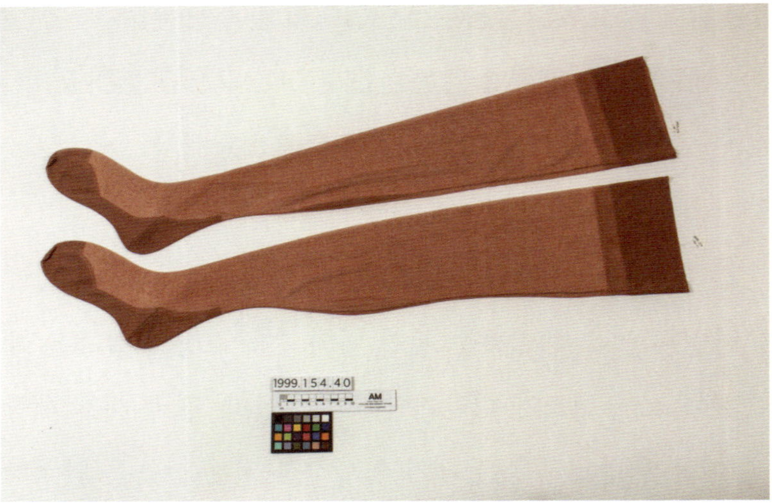

사진 3. 초창기 나일론의 용도로 가장 유명했던 여자들의 스타킹.

"듀폰이 개발한 나일론은 어떤 천연섬유보다 가늘고,

어떤 천연섬유보다 탄력적입니다."

듀폰은 나일론으로 여성용 블라우스를 만들었고, 제2차 세계대전이 일어나면서 낙하산 재료로 나일론을 사용하게 되었어. 또 나일론 스타킹은 전 세계 여성들의 사랑을 독차지했지.

이 정도 업적이면 노벨 화학상 2개는 받을 만한데 말이야. 그렇지만 내 고분자 화합물 연구를 인정받아 슈타우딩거가 노벨 화학상을 받았으니 됐어. 슈타우딩거 교수의 목소리가 들리는 것 같은데?

"캐러더스 박사! 함께 노벨상을 받았다면 좋았을 텐데!"

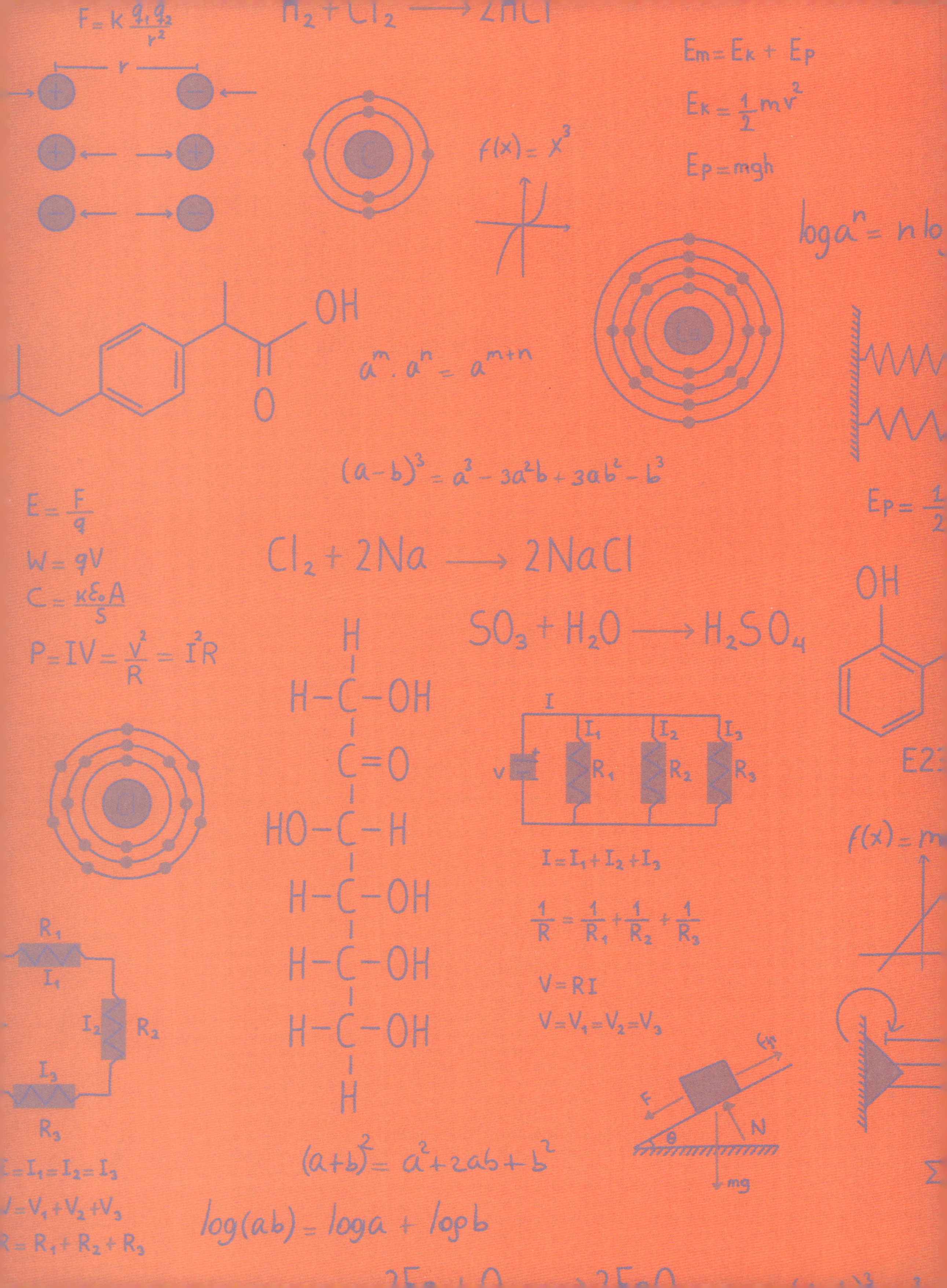
F = k q1q2 / r²
Em = Ek + Ep
Ek = 1/2 mv²
Ep = mgh
f(x) = x³
OH
O
aᵐ · aⁿ = aᵐ⁺ⁿ
(a−b)³ = a³ − 3a²b + 3ab² − b³
E = F/q
W = qV
C = κε₀A/s
P = IV = V²/R = I²R
Cl₂ + 2Na ⟶ 2NaCl
SO₃ + H₂O ⟶ H₂SO₄
H
H−C−OH
C=O
HO−C−H
H−C−OH
H−C−OH
H−C−OH
H
I
I₁
I₂
I₃
R₁
R₂
R₃
V
I = I₁ + I₂ + I₃
1/R = 1/R₁ + 1/R₂ + 1/R₃
V = RI
V = V₁ = V₂ = V₃
F
N
θ
mg
(a+b)² = a² + 2ab + b²
log(ab) = loga + logb

3장

엇갈린 운명의 주인공

토머스 미즐리

*** 토머스 미즐리**

미국의 기계 기술자, 화학자
1889년 출생, 1944년 사망
지금은 환경 문제의 주요한 원인으로 평가받는 유연 휘발유와 프레온 등을 발명, 100가지 넘는 특허 취득

Thomas Midgley, Jr.

내 아들 토머스 미즐리 주니어야!
외할아버지와 나를 닮아 발명가가 되었구나.
어려서부터 기계 다루기를 참 좋아했지?
네가 발명한 유연 휘발유와 프레온 가스에 대한
평가가 엇갈리고 있지만,
네가 누구보다 열심히 노력해
세상에 도움이 되고자 했던 거 잘 안다.
너무 자책하지 말거라.

사진 1. 토머스 미즐리.

안녕! 난 토머스 미즐리야. 돌아가신 아버지가 가끔 꿈에 나와서 이렇게 말씀하곤 하셔. 사실 나도 내가 발명한 유연 휘발유와 프레온 가스가 환경 파괴의 주범이 될 줄은 몰랐어.

휘발유에 납을 섞어 '노킹'을 없앴어!

난 1889년 미국 펜실베이니아주 비버 폴스에서 태어났어. 외할아버지와 아버지가 발명가여서 나도 발명에 관심이 많았지. 외할아버지는 톱니를 갈아 끼울 수 있는 톱을 발명하셨고, 아버지는 자동차 타이어와 관련된 발명을 하셨어.

그런 환경에서 자란 나는 코넬 대학교에 입학해서 자연

스럽게 기계공학을 전공했지. 대학을 졸업한 후엔 자동차 회사인 제너럴 모터스의 연구소에 들어갔어.

거기서 내가 연구한 것은 자동차 엔진의 노킹 현상이었어. 노킹 현상은 엔진의 실린더 안에서 연료가 비정상적으로 연소하면서 폭발음이 크게 들리는 걸 말해. 지금은 엔진 기술이 발달하고, 연료가 좋아지면서 이런 현상은 잘 일어나지 않지만, 내가 살던 시대에는 큰 골칫거리였지. 노킹 때문에 자동차가 갑자기 정지할 정도였으니까.

나는 이 문제를 해결하기 위해서 휘발유에 여러 가지 물질을 섞어 보았어. 그리고 1921년 12월, 마침내 그 해답을 찾아냈지. 바로 납을 이용하는 거였어.

"휘발유에 테트라에틸납을 섞으면,
엔진 노킹 현상이 일어나지 않습니다!"

휘발유에 테트라에틸납을 섞어서 새로운 물질을 개발해 낸 거야. 당시에는 이 물질을 '에틸'이라고 불렀어. 에틸은 테트라에틸납에서 따온 이름이야. 오늘날에는 이것을 '유연 휘발유'라고 부르지. 난 유연 휘발유를 발명한 업적을 인

정받아서, 1년 후인 1922년 12월에 미국 화학협회에서 주는 윌리엄 니콜스 메달을 받았어.

프레온 가스가 오존층 파괴의 주범일 줄이야!

유연 휘발유를 개발한 이후, 내 연구 프로젝트는 가정에서 사용할 수 있는 안전한 냉매였어. 무더운 여름을 시원하게 보내는 데 필요한 에어컨 알지? 에어컨이 시원한 이유는 바로 냉매가 있기 때문인데, 냉매는 쉽게 말해 온도를 낮춰주는 물질이야.

1928년, 열심히 연구한 끝에 드디어 프레온 가스를 발명했어. 프레온 가스는 각종 스프레이와 약을 흡입하는 장치에 널리 사용되면서 '꿈의 물질'로 불렸지.

나는 프레온 가스를 발견한 공로를 인정받아서 1937년에 퍼킨 메달을 받았어. 또 1941년에는 미국 화학협회가 수여하는 최고 상인 프리스틀리 메달도 받았지. 1942년에는 윌러드 깁스 상도 받았어. 정말 대단하지? 난 성공한 발명가였고, 100여 가지가 넘는 특허도 가지고 있었어.

그런데 내가 발명한 유연 휘발유와 프레온 가스가 인류

사진 2. 프레온 가스가 들어 있는 큰 통들.

의 삶을 풍요롭게 만든 것은 분명하지만, 부작용도 만만치 않았어. 유연 휘발유는 납을 섞은 휘발유잖아? 납은 인체에 해롭거든. 자동차에 주유한 유연 휘발유가 연소하면 대기 중으로 납을 방출할 수밖에 없어. 납 성분이 들어 있는 공기를 들이마시면 건강에 나쁜 영향을 끼치는 거야.

게다가 나 역시도 유연 휘발유를 연구하느라 납중독이 되고 말았어. 안타깝지만 더 이상 연구를 지속할 수가 없었지.

"유연 휘발유 연구를 1년 넘게 하다 보니 폐에 이상이 생겼습니다. 당분간 공기가 좋은 곳으로 가서 쉬어야 할 것 같습니다."

그런데 납중독에 걸린 건 나뿐만이 아니었어. 유연 휘발유 제조 공장에서 근무하는 직원들도 납중독에 시달렸지. 공장 직원들은 환각 증상을 호소했고, 정신이상까지 보였어.

하지만 이러한 부작용에도 불구하고 유연 휘발유는 전 세계로 팔려 나갔어.

프레온 가스의 부작용은 오존층과도 관련이 있어. 지구 상공의 오존층은 태양 광선 속의 자외선을 막아 주는데, 자외선을 오래 쬐면 피부암에 걸릴 수 있거든. 난 그런 오존층을 프레온 가스가 파괴할 줄 몰랐던 거야.

프레온 가스는 남극 상공의 오존층에 구멍을 내고야 말았어. 오존층이 파괴되면 지구에서는 더 이상 동식물이 살아갈 수 없게 돼. 정말 끔찍하지?

이런 심각성이 세상에 널리 알려졌고, 결국 1987년 캐나다 몬트리올에서 열린 국제회의는 프레온 가스의 생산과 사용을 금지했어. 안타깝게도 내가 죽은 지 43년이나 지난 후의 일이었지.

아버지가 꿈에서 하신 말씀처럼, 내가 일부러 환경을 파괴하는 물질을 만든 건 아니야. 난 인류의 삶을 더 풍요롭게 만들고 싶었어. 하지만 결과적으로 지구의 환경을 파괴했지. 난 천재 발명가이자, 인류를 위협한 과학자였던 거야. 게다가 납중독으로 병까지 걸리고 말았으니, 참으로 예측하기 어려운 게 인생인 것 같아.

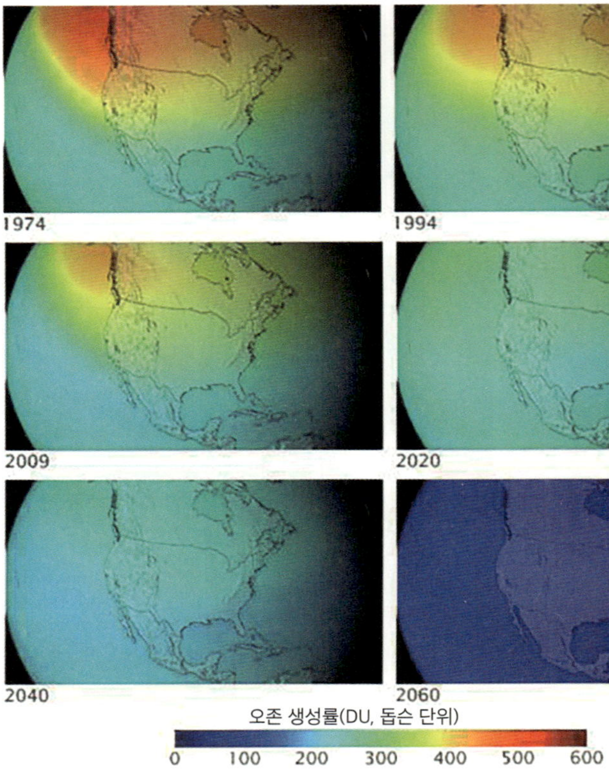

사진 3. 미래의 오존층 예측.

프레온 가스를 계속 사용했다면?

만약 우리가 프레온 가스를 계속 사용했다면, 지구 대기의 오존 총량이 점점 줄어들어 2060년경에는 전 세계의 오존층이 완전히 사라졌을 것이라고 해요.
위 그림은 붉은색 -> 푸른색으로 갈수록 오존 총량이 줄어드는 것을 나타내요.

여러 부작용이 있었지만, 유연 휘발유와 프레온 가스는 그 당시 정말 중요한 발명품이자, 내 소중한 연구 결과물이었어. 노벨 화학상감이었지.

노벨상은 받지 못했지만 아버지는 늘 내 편이셨으니, 난 괜찮아!

"아들아! 넌 항상 네 자리에서 열심히 연구하고,
발명했으니 정말 훌륭하구나!"

F = k q1q2/r²
Em = Ek + Ep
Ek = 1/2 mv²
Ep = mgh
f(x) = x³
OH
aᵐ · aⁿ = aᵐ⁺ⁿ
(a−b)³ = a³ − 3a²b + 3ab² − b³
E = F/q
W = qV
C = κε₀A/s
P = IV = V²/R = I²R
Cl₂ + 2Na → 2NaCl
SO₃ + H₂O → H₂SO₄
H
H−C−OH
C=O
HO−C−H
H−C−OH
H−C−OH
H−C−OH
H
I = I1 + I2 + I3
1/R = 1/R1 + 1/R2 + 1/R3
V = RI
V = V1 = V2 = V3
I = I1 = I2 = I3
V = V1 + V2 + V3
R = R1 + R2 + R3
(a+b)² = a² + 2ab + b²
log(ab) = loga + logb

4장

마지막 원소를 발견한 이다 노다크

* **이다 노다크**

독일의 화학자, 물리학자
1896년 출생, 1978년 사망
1934년 핵분열을 최초로 예견
남편인 발터 노다크와 함께 원자 번호 75 '레늄'을 발견

Ida Noddack

“

여보, 당신과 함께 새로운 원소를 발견했을 때가
생각나네요. 우리는 열심히 연구한 끝에
자연계에 존재하는 안정된 원소 중
마지막으로 레늄을 발견했지요.
당신도 퀴리 부인처럼 노벨상을 받을 자격이 충분했는데,
내 마음속에 당신은 노벨상을 받은 거나 다름없다오.

”

사진 1. 1940년경, 이다 노다크.

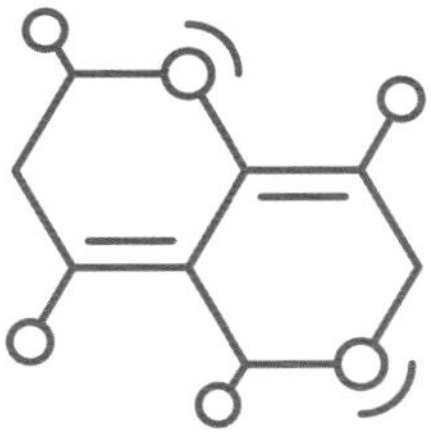

안녕! 내 남편 발터 노다크가 이야기한 사람이 바로 나, 이다 노다크야. 난 노벨 화학상 후보에 3번이나 올랐지만, 상을 받진 못했어. 그래도 사랑하는 가족의 지지를 받았으니 늘 든든했지!

국가를 위해 화학을 전공하기로 했어!

난 1896년 2월 25일, 독일 라크하우젠의 베젤에서 태어났어. 아버지는 라인강 하류 지역에서 작은 도료 공장을 운영하셨지. 도료는 물체의 표면을 보호하거나 아름답게 꾸미기 위해 바르는 물질이야. 난 아버지의 영향으로 화학에 관심을 가지게 되었고, 대학에 입학해서 화학을 공부하기로 마음먹었어.

나중에 누군가가 왜 화학을 전공했느냐고 물어봐서 이렇게 대답했지.

"산업 현장에 뛰어들어서, 독일의 공업 발전에 도움이 되고 싶었어요. 그러기 위해서 가장 좋은 분야는 화학이라고 생각했어요."

난 1921년에 베를린 공과대학교에서 박사 학위를 받았어. 독일에서 화학을 전공한 최초의 여성 가운데 한 명이 되었지. 당시에 화학 관련 분야에서 일하고 연구한 몇 안 되는 전문직 여성이기도 했어.

나는 박사 학위를 받은 후에 베를린에 있는 터빈 공장의 화학 실험실에서 근무했어. 거기서 남편인 발터 노다크를 만났지. 발터와 나는 같은 화학자이자 동료로 열심히 연구했어.

우리가 관심을 가진 것은 새로운 원소를 발견하는 일이었어. 1920년대 초까지만 해도 자연계에 존재하는 92개의 원소 중 2개가 발견되지 않은 상황이었지. 그게 바로 원자 번호 43번과 75번이었어. 발터와 내가 1925년에 이 두 원소를 발견한 거야!

"우리는 아직 알려지지 않은 새로운 원소 2개를
발견했습니다. 하나는 43번 원소,
또 하나는 75번 원소인 것 같습니다.
43번 원소는 마수륨(현재는 테크네튬으로 불림),
75번 원소는 레늄이라고 이름 지었습니다."

Group→ ↓Period	1	2		3	4	5	6	7	8	9	10	11	12	13	14	15	16	17	18
1	1 H																		2 He
2	3 Li	4 Be												5 B	6 C	7 N	8 O	9 F	10 Ne
3	11 Na	12 Mg												13 Al	14 Si	15 P	16 S	17 Cl	18 Ar
4	19 K	20 Ca		21 Sc	22 Ti	23 V	24 Cr	25 Mn	26 Fe	27 Co	28 Ni	29 Cu	30 Zn	31 Ga	32 Ge	33 As	34 Se	35 Br	36 Kr
5	37 Rb	38 Sr		39 Y	40 Zr	41 Nb	42 Mo	43 Tc	44 Ru	45 Rh	46 Pd	47 Ag	48 Cd	49 In	50 Sn	51 Sb	52 Te	53 I	54 Xe
6	55 Cs	56 Ba	*	71 Lu	72 Hf	73 Ta	74 W	75 Re	76 Os	77 Ir	78 Pt	79 Au	80 Hg	81 Tl	82 Pb	83 Bi	84 Po	85 At	86 Rn
7	87 Fr	88 Ra	**	103 Lr	104 Rf	105 Db	106 Sg	107 Bh	108 Hs	109 Mt	110 Ds	111 Rg	112 Cn	113 Nh	114 Fl	115 Mc	116 Lv	117 Ts	118 Og
			*	57 La	58 Ce	59 Pr	60 Nd	61 Pm	62 Sm	63 Eu	64 Gd	65 Tb	66 Dy	67 Ho	68 Er	69 Tm	70 Yb		
			**	89 Ac	90 Th	91 Pa	92 U	93 Np	94 Pu	95 Am	96 Cm	97 Bk	98 Cf	99 Es	100 Fm	101 Md	102 No		

사진 2. 원소의 주기율표.

새로운 원소로 인정받으려면?

원자 번호 75번 레늄은 노다크 부부가 발견했고, 다른 화학자가 실험으로 입증해서 새로운 원소로 인정받았어요. 새로운 원소로 인정받기 위해서는 다른 과학자도 똑같이 실험해서 같은 결과가 나와야 해요.

하지만 다른 화학자들은 우리의 주장을 믿지 않았어. 우리는 다시 실험에 몰두했지. 백금 광석과 컬럼바이트라고 하는 광석에서 레늄을 분리했고, 함께 연구한 화학자 오토 베르크가 X선 분석 실험으로 레늄을 확인했지. 그런데 43번 원소는 분리해 내지 못했어. 과학에서의 발견은 다음과 같은 법칙을 따라야 하거든.

언제, 어디서나, 누가 실험하더라도,
똑같은 것을 발견하고 재현할 수 있어야 한다.

원자핵이 분열하는 게 확실했어!

43번 원소를 분리해 내지는 못했지만, 75번 원소는 다른 화학자도 분리해 내는 데 성공했어. 그래서 우리는 레늄 발견의 공로를 인정받을 수 있었지. 1926년, 나와 발터는 더 많은 시간을 함께 연구하기 위해 결혼했어. 평생 함께 화학 연구를 하기로 한 거지. 그러던 1934년, 이탈리아의 물리학자 엔리코 페르미가 다음과 같은 사실을 발표했어.

"중성자로 우라늄 원자핵을 때리자, 우리가 알지 못하던
새로운 방사능과 방사성 원소들이 생겨났습니다!"

나는 페르미의 실험 결과를 이렇게 해석했어.

"우리는 이전까지 원자핵이 쪼개져서 새로운
원자핵으로 나누어지는 현상을 발견하지 못했습니다.
페르미의 이번 실험은 원자핵이 여러 개로 분열될
가능성을 보여 준 것입니다."

이렇게 '핵분열 현상'을 처음으로 예견했지만, 당시의 과학자들은 이런 주장을 쉽게 받아들이지 않았어. 왜냐하면 내가 핵분열 현상에 대한 실험적인 증거나 이론적인 근거를 제시하지 못했기 때문이야.

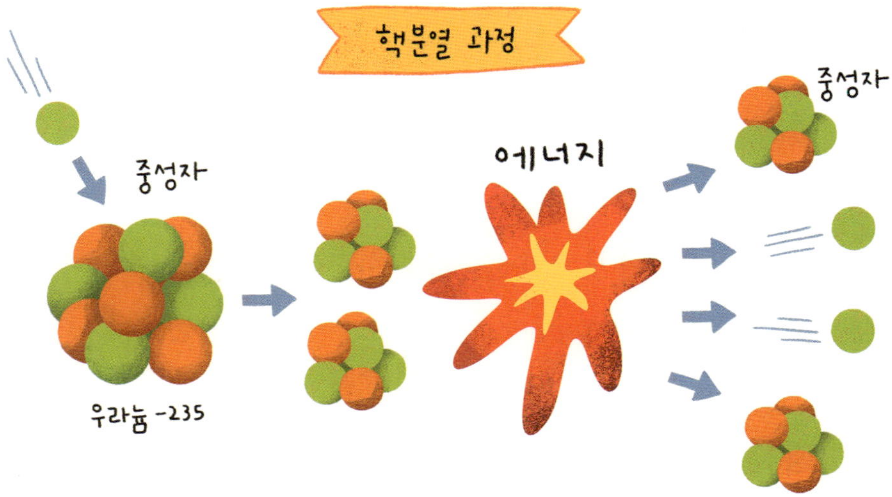

핵분열 현상

우라늄 원자핵에 중성자를 쏘아 주면 2개의 작은 원자핵으로 쪼개지면서 막대한 에너지와 중성자 2~3개가 나와요. 원자핵이 쪼개지는 것을 '핵분열'이라고 해요.

마침내 1938년, 이렌 졸리오퀴리, 오토 한, 리제 마이트너, 오토 프리슈 등과 같은 과학자들이 핵분열 현상을 입증했지. 그러는 동안 이탈리아의 물리학자인 에밀리오 세그레와 카를로 페리에르가 43번 원소도 발견했어. 이 원소는 인공적으로 만든 최초의 원소로, 이름도 '인공적인'이라는 뜻에서 '테크네튬'이라고 붙었지. 그래서 우리가 발견한 레늄이 자연계에 존재하는 원소 중 마지막으로 발견된 원소가 된 거야.

핵반응을 발견한 페르미는 1938년에 노벨 물리학상을 받았고, 세그레는 나중에 반양성자를 발견해 1959년에 오언 체임벌린과 함께 노벨 물리학상을 받았어.

방사능을 연구해 라듐과 폴로늄을 발견한 마리 퀴리는 노벨 물리학상도 받고, 노벨 화학상도 받았어. 퀴리 부부는 최초의 노벨 물리학상 부부 수상자잖아? 만약 우리가 레늄

사진 3. 실험실에서 연구 중인 마리 퀴리와 피에르 퀴리 부부.

발견으로 노벨 화학상을 받았다면, 최초의 노벨 화학상 부부 수상자가 됐을 텐데 말이야.

우리 부부는 1935년부터 스트라스부르 대학교에서 교수로 근무하면서 학생들을 가르쳤어. 스트라스부르는 알자스 지방에 속한 곳인데, 제2차 세계대전이 일어나기 전에는 독일 땅이었지만, 독일이 패전국이 되고 나서는 프랑스 땅이 되었어. 발터와 나는 죽을 때까지 연구자로 또 교육자로 살았지.

"내 남편, 발터 노다크! 수많은 낮과 밤을 당신과 함께
연구하며 지낸 날이 생각나네요.
우리가 노벨상을 받으려고 연구한 건 아니잖아요?
레늄을 발견해 조국의 화학 발전에 이바지한 걸로
충분하다고 생각해요. 우리 하늘나라에서도
화학을 연구하며 행복하게 지내요!"

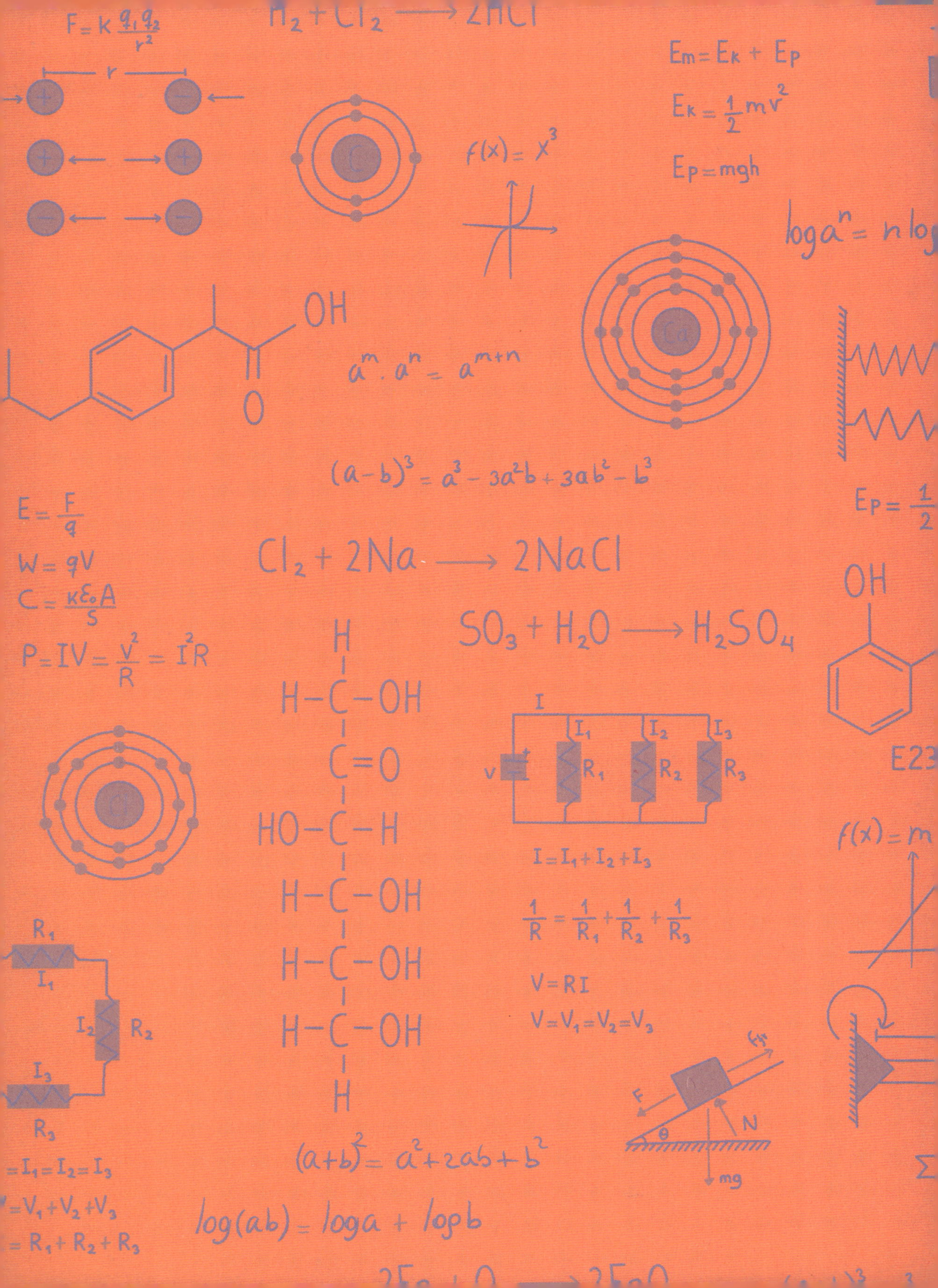

F = k q1q2 / r²
H2 + Cl2 → 2HCl
Em = Ek + Ep
Ek = 1/2 mv²
Ep = mgh
f(x) = x³
loga^n = n log
OH
a^m · a^n = a^(m+n)
(a−b)³ = a³ − 3a²b + 3ab² − b³
E = F/q
W = qV
C = kε0A / S
P = IV = V²/R = I²R
Cl2 + 2Na → 2NaCl
SO3 + H2O → H2SO4
H
H−C−OH
C=O
HO−C−H
H−C−OH
H−C−OH
H−C−OH
H
I = I1 + I2 + I3
1/R = 1/R1 + 1/R2 + 1/R3
V = RI
V = V1 = V2 = V3
I = I1 = I2 = I3
V = V1 + V2 + V3
R = R1 + R2 + R3
(a+b)² = a² + 2ab + b²
log(ab) = loga + logb
E23
f(x) = m

DNA 이중나선 구조를 밝힌

로절린드 프랭클린

＊ 로절린드 프랭클린

영국의 생물 물리학자

1920년 출생, 1958년 사망

X선 결정학을 통해 DNA, 바이러스, 석탄, 흑연의 구조를 밝히는 데 기여

담배 모자이크 바이러스 등 바이러스에 관한 선구적인 연구

Rosalind Elsie Franklin

> 로절린드! 한때 DNA 구조를 함께 연구했던 모리스 윌킨스야.
> DNA 이중나선 구조를 발견한 사람은 당신인데,
> 노벨상은 나와 왓슨, 그리고 크릭이 받았네.
> 4년만 더 살았더라면, 당신은 분명
> 노벨 화학상을 받았을 거야!

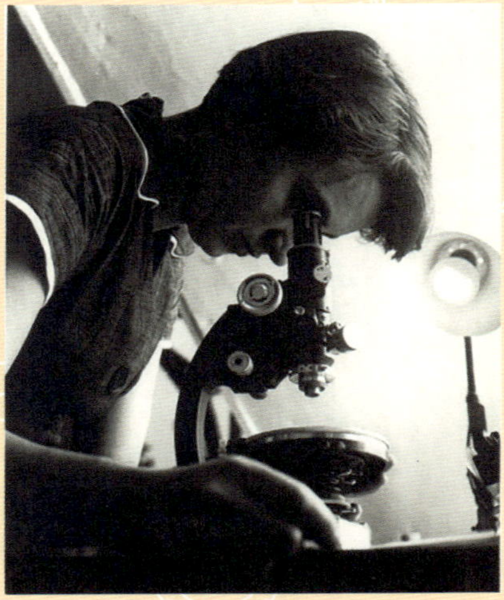

사진 1. 1955년, 로절린드 프랭클린.

월킨스 박사님! 제가 주로 X선으로 물질의 구조를 연구하다 보니, 몸에 좋지 않은 방사선을 너무 오래 쐬었어요. 더 오래 살았더라면 박사님 말씀처럼 노벨상도 받고, 더 많은 연구도 했을 텐데 말이에요. 하지만 지금이라도 이렇게 말해 줘서 고마워요!

화학과 물리학을 공부하고 싶었어!

안녕! 난 로절린드 프랭클린이야. 1920년 7월 25일에 영국 런던에서 태어났어. 유대인 출신인 우리 집안에는 은행가도 많고, 정부의 고위 관리도 많았어. 어렸을 적에 난 부유한 환경에서 어려움 없이 자랐지.

취미가 뭐냐고 물으면 '공부'라고 대답하는 친구들 있잖아? 내가 그런 사람 중 하나였어. 2등이 뭔지 모른다고 말하면, 나 좀 밉상인가? 아무튼 난 공부할 때 가장 행복했어. 특히 화학과 물리학을 좋아했지.

난 물질이 무엇으로 이루어져 있는지 궁금했고, 물체의 운동에 대해 알게 되면 얼마나 멋질까 생각했어. 그래서 11살 때 런던에 있는 세인트 폴 여학교에 입학했지. 이 학교는 당시 여학생에게도 화학과 물리학을 가르치는 몇 안 되는 학교 중 하나였어.

여자들도 마음껏 공부할 수 있는 세상에 태어났다면 얼마나 좋았을까! 마리 퀴리가 노벨 물리학상을 받은 게 1903년인데, 30년이 지난 후에도 여자들이 마음껏 과학을 공부할 수 있는 학교가 별로 없었다는 게 믿어져?

이후 나는 케임브리지 대학교에 들어가서 화학을 전공했어. 케임브리지 대학교가 얼마나 유명한지는 잘 알지? 아이작 뉴턴이 내 선배이고, 제인 구달과 스티븐 호킹은 내 후배야.

졸업 후에는 케임브리지 대학교 물리화학 연구소에서 연구 생활을 이어 갔어. 제2차 세계대전이 한창일 때는 전쟁과 관련된 연구를 했지. 바로 숯과 석탄에 관한 거였어.

난 영국 석탄 이용 연구소에서 한 석탄 연구를 바탕으로, 1945년에 박사 학위를 받았어. 석탄에는 아주 작은 구멍이 많이 뚫려 있는데, 이런 석탄을 연구하면서 분자의 구조에 관심을 갖게 되었지.

DNA 분자 구조를 사진으로 찍었어!

1947년, 나는 프랑스 파리에 있는 국립 화학 연구소에 들어갔어. 거기서 X선을 이용해 물질을 탐구했는데, 주로 분자의 구조를 연구했지. 지금도 병원에 가면 X선으로 사진을 찍어 몸속에 이상이 없는지 알아내잖아? 1902년에 독일의 물리학자 빌헬름 뢴트겐이 처음으로 X선을 발견해 노벨 물리학상을 받았고, 그때부터 물리학이나 화학을 연구하는 학자들은 여러 분야에서 X선을 이용해 왔어. 나도 그중 한 사람이었지.

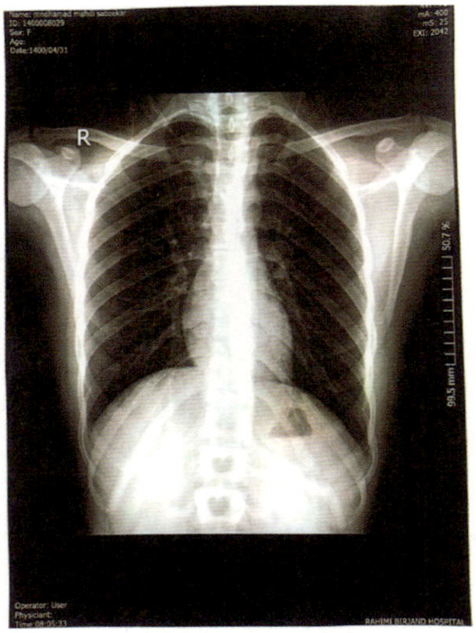

사진 2. X선으로 찍은 사람의 몸.

나는 1950년 영국으로 돌아와 연구 중심 대학교인 킹스 칼리지 런던에서 DNA의 구조와 특성을 연구했어. 'DNA'라는 말 많이 들어 봤지? DNA는 '데옥시리보 핵산'이라고 불리는데, 생물의 세포 속에 있고, 유전 정보를 가진 아주 중요한 물질이야. 그래서 과학자들은 이 DNA가 어떤 모양을 하고 있는지 알고 싶어 했지.

내가 하는 연구에 주로 X선을 이용한다고 했지? X선은 우리가 눈으로 보는 빛인 가시광선처럼 일종의 전자기파야. 즉, 파동처럼 행동한다는 거지. 파동은 어떤 장애물에 부딪히면 반사하기도 하고, 굴절하기도 하고, 회절 현상도 일어나. 회절 현상으로 장애물 뒤에도 빛이 전달되는 거지.

X선 회절 현상

X선과 같은 전자기파는 나아가는 길에 장애물이 있어도 가려진 물체 뒤쪽까지 전해져요. 이것을 '회절'이라고 해요. 물 표면에 막대가 있어도 파동이 막대 뒤까지 전해지는 것처럼 말이에요.
이런 성질을 이용하면 물질의 내부 구조를 알 수 있어요. 물체의 내부는 보통의 빛으로는 볼 수 없어서 X선을 이용해 내부 구조를 보는 거예요.

X선도 파동처럼 움직여서, X선 회절 현상을 이용하면 물질의 내부 구조를 알아낼 수 있는 거야. 그래서 내가 DNA의 구조가 이중으로 꼬여 있는 '나선 구조'라는 것을 밝혀낸 거지.

1950년대 초반, DNA 이중나선 구조에 관한 열띤 연구가 영국의 두 곳에서 이루어지고 있었어. 한 곳은 나와 모리스

윌킨스가 연구하고 있는 킹스 칼리지 런던이었고, 다른 한 곳은 프랜시스 크릭과 제임스 왓슨이 연구하고 있는 케임브리지 대학교였어.

이 두 곳에서 이루어지던 연구는 DNA의 구조를 밝혀내는 방식에서 차이를 보였지.

나와 윌킨스는 X선을 이용했고, 크릭과 왓슨은 분자 모델을 만들어서 이중나선 구조의 실체를 밝히려고 했어. 나와 윌킨스가 좀 더 실험적으로 연구했다면, 크릭과 왓슨은 이론적으로 연구한 셈이지.

1952년 5월, 그렇게 열심히 연구한 끝에, 나는 흔히 '51번 사진'이라고 부르는 X선 사진을 촬영하는 데 성공했어!

"이것이 제가 찍은 51번 사진입니다. 여러 번 찍은 것 중 가장 선명한 사진입니다. 이것을 보면, DNA가 이중나선 구조라는 것을 알 수 있습니다."

생물체의 몸속에서 유전에 관한 모든 정보를 가지고 있는 DNA. 그 구조를 밝힌 것은 과학사의 위대한 발견임이 틀림없어. 이걸 인정한 노벨 위원회도 1962년에 나를 제외

사진 3. 킹스 칼리지 런던의 프랭클린-윌킨스 빌딩 전면에 전시된 프랭클린과 그녀의 51번 사진에 관한 이미지(오른쪽 박스 안: 51번 사진).

한 윌킨스, 크릭, 왓슨에게 노벨 생리의학상을 수여한 거야. 노벨상은 3명까지만 공동 수상할 수 있거든. 내가 살아 있었더라면 노벨 화학상을 받았을지도 모르지. 1982년에 동료였던 애런 클루그가 '전자 현미경 결정 발견과 핵산-단백질 복합체의 구조 해명'으로 노벨 화학상을 받았거든.

처음에 내가 한 말 기억해? 난 화학과 물리학 연구를 좋아했어. 내가 하고 싶은 연구를 맘껏 했으니 후회는 없어. 내가 살던 시대는 여성이라는 이유로 과학계에서 차별받기도 했지만, 지금은 그렇지 않잖아. 여자, 남자를 떠나 누구든 열심히 공부하고 연구하면 중요한 성과를 낼 수 있다고 생각해.

함께 연구했던 모리스 윌킨스와 늘 사이가 좋았던 것은 아니지만, 둘 다 과학 발전에 이바지했다는 사실은 변함이 없어.

"윌킨스! 노벨 생리의학상 받은 것 축하해요.
내 덕분이라 말해 줘서 고마워요!"

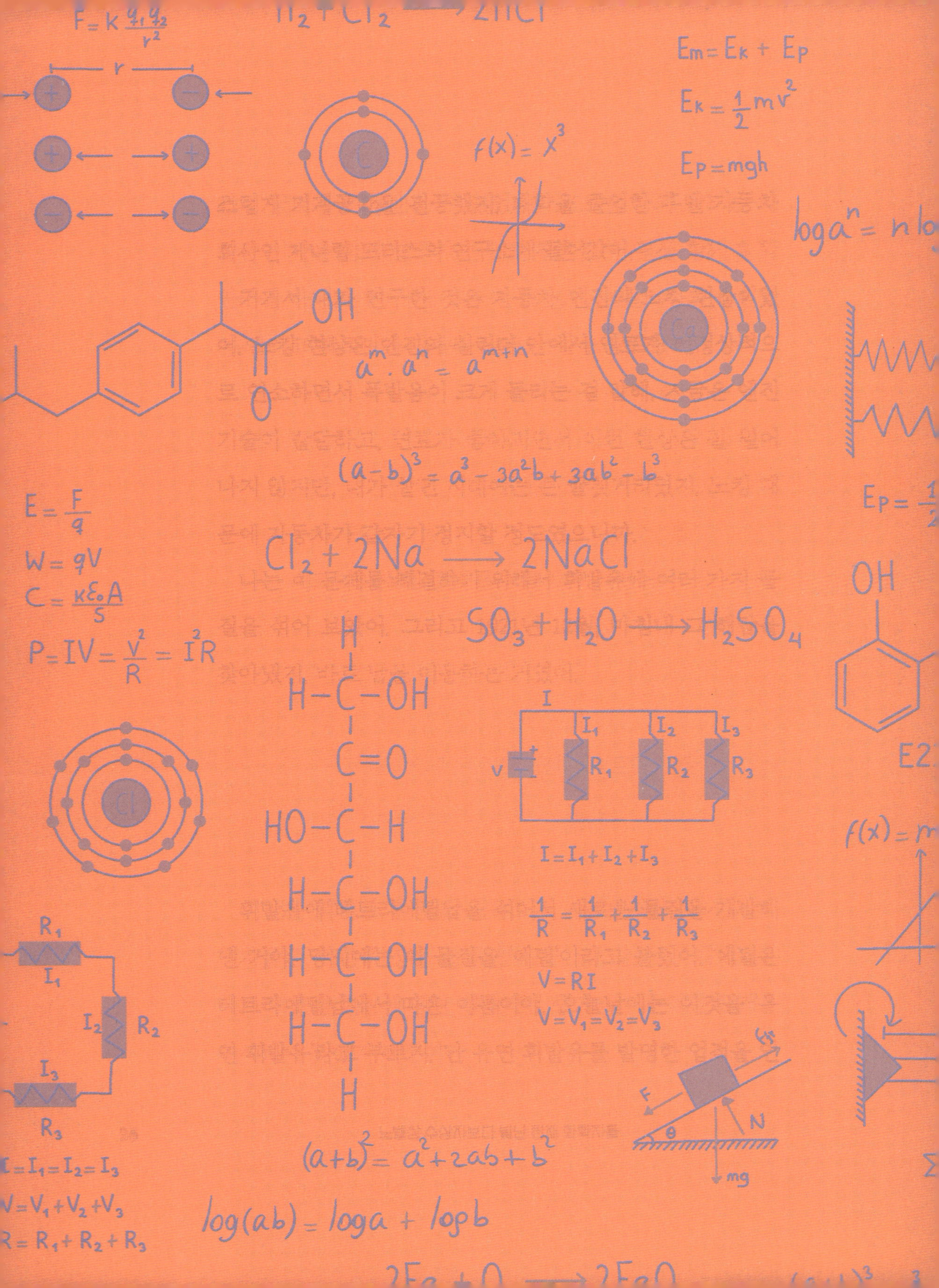

F = k q1 q2 / r²
Em = Ek + Ep
Ek = 1/2 mv²
Ep = mgh
f(x) = x³
a^m · a^n = a^(m+n)
(a−b)³ = a³ − 3a²b + 3ab² − b³
E = F/q
W = qV
C = κε₀A/S
P = IV = V²/R = I²R
Cl₂ + 2Na ⟶ 2NaCl
SO₃ + H₂O ⟶ H₂SO₄
I = I₁ + I₂ + I₃
1/R = 1/R₁ + 1/R₂ + 1/R₃
V = RI
V = V₁ = V₂ = V₃
(a+b)² = a² + 2ab + b²
log(ab) = loga + logb

6장

코발트와 니켈의 순서를 바로잡은 헨리 모즐리

＊ **헨리 모즐리**

영국의 물리학자

1887년 출생, 1915년 사망

각 원소의 고유 X선을 측정해 모즐리의 법칙 발견, 원소의 분석에 획기적인 방법을 제공함

원소의 성질에 따라 코발트와 니켈을 주기율표에 배치

Henry G. J. Moseley

나의 사랑하는 제자, 모즐리!
모두가 말리는데도 조국을 위해 제1차 세계대전에 참전해
안타까운 죽음을 맞았지. 누구도 하지 못했던
원소의 존재를 예측해 발견했는데 말이야.
죽은 사람도 노벨상을 받을 수 있다면,
가장 먼저 받아야 할 사람은 자네야!

사진 1. 1914년, 헨리 모즐리.

안녕! 나는 어니스트 러더퍼드 교수님이 말한 헨리 모즐리야. 물리학자였던 러더퍼드 교수님은 원자의 구조를 밝히는 데 큰 역할을 하셨어. 양성자를 발견한 것으로도 유명하고 말이야.

생물학자보다는 물리학자가 되고 싶었어!

난 1887년 11월 23일, 영국 남서부에 있는 도싯주 웨이머스에서 태어났어. 아버지는 옥스퍼드 대학교의 생물학자이자 해부생리학 교수였고, 외할아버지 존 그윈 제프리스도 생물학자였어. 외할아버지는 특히 조개류와 연체동물을 연구하셨지.

아버지와 외할아버지의 영향으로 생물학에도 관심은 많았지만, 그래도 난 물리학과 화학이 더 재미있었어. 그래서 옥스퍼드 대학교 트리니티 칼리지에 입학해서 물리학을 전공했지. 졸업하고 맨체스터 대학교 특별 연구원으로 연구 생활을 할 때, 나를 지도해 주신 분이 러더퍼드 교수님이셨어.

이때가 1910년인데, 러더퍼드 교수님은 양성자를 발견하고 방사선을 연구해 2년 전 노벨 화학상을 받으셨었지. 그래서 나도 방사선에 관해 연구한 거야. 그리고 X선 연구도 열심히 했지. X선은 1895년에 독일의 물리학자 빌헬름 뢴트겐이 처음으로 발견했어. 뢴트겐은 1901년에 최초로 노벨 물리학상을 받았지.

나는 원소들이 내보내는 X선을 집중적으로 연구했어. 그리고 이 X선이 원소마다 조금씩 다르다는 것을 알게 되었지. X선도 전자기파잖아? 그러니까 원소들이 내보내는 X선의 파장이 달랐던 거야. 파장은 쉽게 말해 파동의 길이야.

파장을 비교해 보니 원소의 원자 번호에 따라 일정한 규칙을 발견할 수 있었어. 그래서 나는 이런 규칙을, 내 이름을 따서 '모즐리의 법칙'이라 불렀지. 이 법칙은 내가 봐도 참 대단해!

조개 껍데기는
뭘로 만들어졌을까?

Reihen	Gruppe I. — R^2O	Gruppe II. — RO	Gruppe III. — R^2O^3	Gruppe IV. RH^4 RO^2	Gruppe V. RH^3 R^2O^5	Gruppe VI. RH^2 RO^3	Gruppe VII. RH R^2O^7	Gruppe VIII. — RO^4
1	H=1							
2	Li=7	Be=9.4	B=11	C=12	N=14	O=16	F=19	
3	Na=23	Mg=24	Al=27.3	Si=28	P=31	S=32	Cl=35.5	
4	K=39	Ca=40	—=44	Ti=48	V=51	Cr=52	Mn=55	Fe=56, Co=59, Ni=59, Cu=63.
5	(Cu=63)	Zn=65	—=68	—=72	As=75	Se=78	Br=80	
6	Rb=85	Sr=87	?Yt=88	Zr=90	Nb=94	Mo=96	—=100	Ru=104, Rh=104, Pd=106, Ag=108.
7	(Ag=108)	Cd=112	In=113	Sn=118	Sb=122	Te=125	J=127	
8	Cs=133	Ba=137	?Di=138	?Ce=140	—	—	—	— — — —
9	(—)	—	—	—	—	—	—	
10	—	—	?Er=178	?La=180	Ta=182	W=184	—	Os=195, Ir=197, Pt=198, Au=199.
11	(Au=199)	Hg=200	Tl=204	Pb=207	Bi=208	—	—	
12	—	—	—	Th=231	—	U=240	—	— — — —

사진 2. 멘델레예프의 주기율표.

많은 원소는 성질에 따라 분류되잖아? 그것을 보기 쉽게 배열한 것이 '주기율표'이고. 앞에서 읽었겠지만, 주기율표는 러시아의 화학자인 멘델레예프가 그때까지 알려진 63개의 원소로 1869년에 만든 거야. 대단한 업적이긴 하지만 멘델레예프의 주기율표는 완벽한 것은 아니었지.

코발트와 니켈의 순서는 내가 바꾼 거야!

멘델레예프는 원소를 질량의 크기 순서로 배열했어. 질량이 가장 작은 것은 1번 원소인 수소, 그다음 작은 것은 2번 원소인 헬륨 이런 식이었지. 물론 헬륨은 나중에 발견되었지만 말이야. 이렇게 원소를 분류하자 원소들 사이에 규칙성이 보인 거야. 화학자들은 이를 반겼고, 멘델레예프의 업적을 인정했지.

멘델레예프의 방식으로 원소를 배열하면, 니켈은 27번이고 코발트는 28번이야. 하지만 화학자들은 원소의 성질을 따져 보면 이 둘의 순서가 바뀌어야 한다고 생각했어. 그런데 그 이유는 알 수가 없었어.

나는 이 두 원소에서 나오는 X선을 면밀히 분석해서 그 원인을 밝혀냈어. 질량 순으로 하면 멘델레예프가 매긴 순서가 맞아. 아주 작은 차이로 코발트의 질량이 니켈보다 컸거든. 하지만 원소의 성질을 보면 그게 아니었어. 이유는 바로 양성자의 개수가 달랐던 거야. 원자 번호는 양성자의 개수에 따라 붙이거든. 이게 다 러더퍼드 교수님이 발견한 양성자 덕분이었던 거지.

모즐리의 법칙

모즐리의 법칙은 한마디로 원자에서 나오는 X선의 성질이 원자 번호와 관련이 있다는 거예요. 원자 번호는 양성자의 개수에 따라 매기는데, X선을 분석하면 양성자의 개수를 정확하게 알 수 있어요.

니켈 27번, 코발트 28번 → 코발트 27번, 니켈 28번

그리고 또 하나, 당시 주기율표에는 43번, 61번, 72번, 75번 원소가 비어 있었어. 존재할 거라는 예측은 있었지만, 아직 발견되지 않은 거야. 그래서 X선을 활용해 좀 더 연구하면, 곧 발견할 수 있을 것 같았어.

모즐리의 주기율표

그런데 1914년에 제1차 세계대전이 벌어진 거야. 나는 연구를 중단하고 영국 육군에 스스로 입대했어. 조국을 위해 나가 싸우는 것도 중요하다고 생각했기 때문이야. 가족과 친구 그리고 스승인 러더퍼드 교수님도 입대를 말렸어. 하지만 나는 굳은 결심으로 입대해 통신 장교로 복무했지.

1915년 8월 10일, 난 갈리폴리 전투에서 생을 마감했어. 28세의 젊은 나이였지만 후회는 없어. 내 뜻을 이어받아 연구한 과학자들이 마지막 남은 4개의 원소를 발견했고, 주기율표는 완성되었지.

"43번 원소는 테크네튬, 61번 원소는 프로메튬, 72번 원소는 하프늄, 75번 원소는 레늄이라고 명명한다."

모즐리의 법칙과 주기율표에 관한 업적은 내가 봐도 정말 중요한 것 같아. 원소를 분석하는 새로운 방법이니까 말이야. 이 정도면 노벨 화학상도 받을 만했겠지? 내가 전사했다는 소식을 듣고 스승인 러더퍼드 교수님은 이렇게 말씀하셨다고 해.

"헨리 모즐리가 전사한 것은 제1차 세계대전이
영국에게 입힌 가장 큰 타격이다."

사실 난, 노벨상을 받는다면 물리학상을 받고 싶었어. 러더퍼드 교수님도 물리학자였지만 노벨 화학상을 받았거든. 그래서 그런지 내 모교인 옥스퍼드 대학교 물리학과에는 '모즐리의 저주'라는 말이 있다고 해. 물리학과 출신인 내가 안타깝게도 노벨상을 받지 못했기 때문인지, 옥스퍼드 대학교에서는 단 한 사람도 노벨 물리학상 수상자가 나오지 않은 거야. 2003년에야 비로소 앤서니 레깃 교수가 노벨 물리학상을 받았지. 나를 아껴 주셨던 러더퍼드 교수님께 하고 싶은 말이 있어.

"다음 생에 태어나면 오래오래 살아서
꼭 노벨상을 받을게요!"

수소폭탄의 아버지
에드워드 텔러

＊ 에드워드 텔러

헝가리에서 태어난 미국의 물리학자
1908년 출생, 2003년 사망
'맨해튼 프로젝트'에 참여해 기존의 원자폭탄보다 훨씬 강력한 수소폭탄 개발을 주장
폴란드 출신의 수학자 스타니스와프 울람과 함께 수소폭탄을 개발

Edward Teller

“

‘이그 노벨상’이라고 들어 봤어?
1991년 《기발한 연구 연보》라는 잡지의 편집장이었을 때
노벨상에 빗대어 이그 노벨상을 만들어서 시상했지.
‘반복할 수 없거나 반복해서는 안 되는’ 업적의
주인공에게 주는 상이었어.
첫 번째 이그 노벨상 평화상의 주인공이
바로 에드워드 텔러였지.

”

사진 1. 노년의 에드워드 텔러.

이그 노벨상을 만든 에이브러햄스 편집장이 말한 사람이 바로 나야. 진짜 노벨상은 못 받았지만, 첫 번째 이그 노벨상, 그것도 평화상을 받았지. 평화를 소중하게 생각하며 살았지만, 내가 만든 수소폭탄 때문에 많은 사람이 희생되기도 했으니, 기뻐할 수만은 없겠지?

공산주의가 싫어서 조국을 떠나야 했어!

난 1908년 1월 15일, 헝가리 부다페스트에서 태어났어. 아버지는 변호사였고, 어머니는 피아니스트였어. 우리 집안은 헝가리의 부유한 유대인 가문이었지.

나는 어릴 적에 인생관을 크게 좌우하게 될 경험을 했어.

제1차 세계대전 직후인 1919년, 헝가리가 공산주의 국가가 되면서 많은 사람이 처형당하는 모습을 보게 된 거야. 아버지는 언젠가 헝가리를 떠나서 살아야 할 것 같다고 말씀하셨어. 그때부터 나는 공산주의가 싫었어. 그 후 평생 공산주의에 반대하는 삶을 살게 되었지.

과학을 좋아하고 재능도 있었던 나는, 독일로 가서 과학 공부를 맘껏 하기 위해 1926년에 유학을 떠났어. 독일 라이프치히 대학교에 들어가서 베르너 하이젠베르크의 지도를 받으며 물리학을 공부했지. 물리학 중에서도 특히 양자역학이 재미있었어.

양자역학은 눈에 보이지 않는 아주 작은 원자나 전자의 세계를 탐구하는 학문인데, 이제 막 새로 만들어졌거든. 하이젠베르크 교수님은 양자역학 탄생에 엄청난 공헌을 한 분이었어. 그 공로로 1932년에 노벨 물리학상을 받을 정도였으니 대단하지?

그런 분에게 박사 학위를 받았으니, 영광이라고 생각해. 난 22살에 학위를 받고 괴팅겐 대학교에서 연구를 계속했어.

독일에서의 생활은 안정적이었고 행복했지만, 오래 가진 못했어. 유대인을 탄압하는 히틀러가 등장하면서 독일을 떠

사진 2. 텔러의 스승이었던 베르너 하이젠베르크(왼쪽)와 닐스 보어.

날 수밖에 없었지. 그래서 영국을 거쳐 닐스 보어가 있는 덴마크의 코펜하겐으로 갔어. 보어는 원자의 구조를 연구해서 1922년에 이미 노벨 물리학상을 받은 대단한 물리학자야.

원자폭탄을 넘어 수소폭탄을 만들었어!

1935년, 코펜하겐을 떠나 미국으로 건너간 나는 대학에서 학생들을 가르쳤어. 1938년에는 이탈리아에서 망명한 엔리코 페르미를 만났지. 페르미는 원자핵 반응을 연구해서 노벨 물리학상을 받은 물리학자야.

페르미와 토론하면서, 핵반응을 이용하면 원자폭탄뿐만

아니라 수소폭탄도 만들 수 있겠다고 생각하게 되었어. 나는 수소폭탄을 강력하게 지지하고 연구하는 대표적인 과학자가 되었지. 그래서 사람들이 나를 '수소폭탄의 아버지'라고 하는 거야.

제2차 세계대전이 끝나고 1950년대 중반이 되자, 미국에서 핵무장 반대 운동이 일어났어. 이름 있는 과학자들과 유명 인사들이 미국과 소련 정부에 더 이상 핵폭탄을 만들지 말라고 압력을 넣었지.

하지만 나는 이 반대 운동에 강력히 저항했어. 공산주의를 막기 위해서는 강력한 핵폭탄이 필요하다고 생각했거든. 그렇지만 세계적인 흐름은 내 생각과 달랐지. 그래서 나는 방향을 바꾸어 미국 정부에 제안했어.

"인공위성과 레이저를 활용하면, 소련이 발사한 핵미사일을 격추할 수 있습니다!"

미국 정부는 이 제안을 받아들였고, 이 프로젝트에 막대한 예산을 쏟아부었어. 이것을 '전략 방위 계획'이라고 해. 당시 유명했던 영화의 제목을 따서 '스타워즈 프로젝트'라고도 불렀지. 당시 내 신념은 확고했어.

"평화는 쉽게 찾아오는 게 아닙니다. 시원찮은 무기로는 평화를 지킬 수 없습니다. 핵폭탄 같은 무시무시한 무기들을 가져야만 평화를 지킬 수 있습니다!"

내가 한 일 중 가장 중요한 것이 수소폭탄 개발이야. 나는 제2차 세계대전 동안 미국의 원자폭탄 제조 계획인 '맨해튼 프로젝트'에 참여하면서 수소폭탄 제조를 강력하게 주장했어. 그 결과 미국 정부로부터 수소폭탄만 연구할 수 있도록 허락을 받았지.

나는 제2차 세계대전이 끝난 후에도 뜻이 맞는 과학자들과 함께 수소폭탄을 연구했어. 이때 오펜하이머 같은 과학자들이 수소폭탄 개발에 반대하고 나서기도 했지.

"미국이 수소폭탄을 개발하면 소련도 따라서
수소폭탄을 개발할 것입니다. 수소폭탄을 가진 강대국
사이에 긴장과 갈등은 더욱 고조되고, 끝내 인류는
멸망하게 될 것입니다!"

반면에 미국의 보수적인 사람들은 이렇게 주장했지.

"소련은 원자폭탄을 가지고 있습니다. 우리가 소련을
이기는 방법은 원자폭탄을 뛰어넘는 무기를 가지는
것밖에 없습니다. 공산주의로부터 자유민주주의를

사진 3. 세계 최초로 만들어진 수소폭탄 '아이비 마이크'의 폭발 실험 장면.

지키기 위해 수소폭탄을 만들어야 합니다!"

1950년, 미국 정부는 수소폭탄 개발을 허락했고, 1952년 10월 31일, 수소폭탄 '아이비 마이크'의 폭발 실험에 성공했어. 아이비 마이크는 히로시마에 떨어진 원자폭탄보다 약

500배 이상의 파괴력을 가진 폭탄이었지.

평생 핵무기 개발을 강력하게 주장했기 때문에, 내게 노벨상은 주어지지 않았어. 공산주의를 막기 위해서는 강해져야 한다고 생각해서 한 일이었지만, 그 때문에 노벨상이 아닌 이그 노벨상 평화상을 받게 될 줄은 몰랐지.

"내게 중요한 것은 노벨상이 아니라 평화였어!"

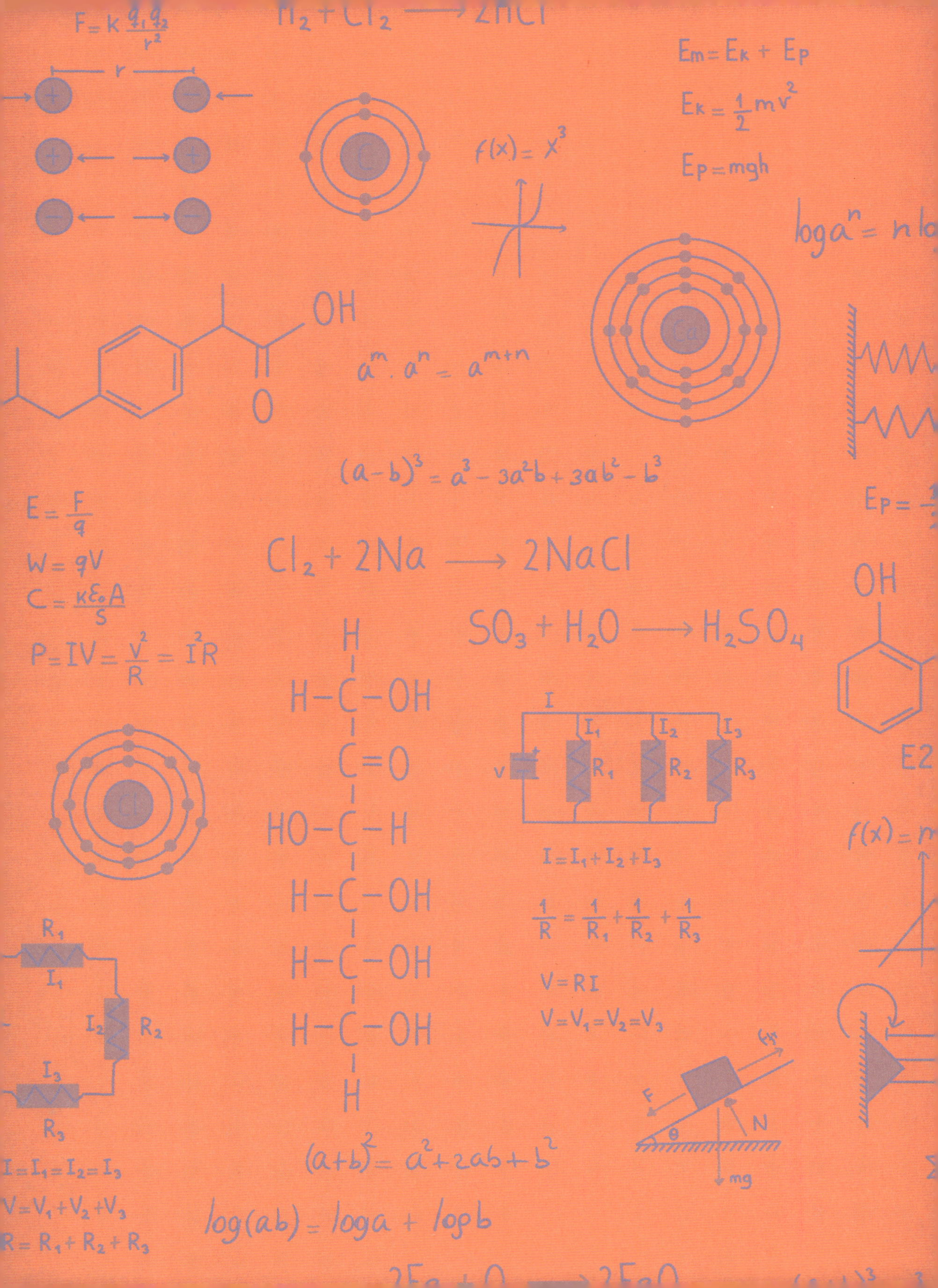

F = k q1q2 / r²
Em = Ek + Ep
Ek = 1/2 mv²
Ep = mgh
f(x) = x³
OH
O
aᵐ · aⁿ = aᵐ⁺ⁿ
(a−b)³ = a³ − 3a²b + 3ab² − b³
E = F/q
W = qV
C = kε₀A/S
P = IV = V²/R = I²R
Cl₂ + 2Na → 2NaCl
SO₃ + H₂O → H₂SO₄
H
H−C−OH
C=O
HO−C−H
H−C−OH
H−C−OH
H−C−OH
H
I = I₁ + I₂ + I₃
1/R = 1/R₁ + 1/R₂ + 1/R₃
V = RI
V = V₁ = V₂ = V₃
F
N
mg
θ
(a+b)² = a² + 2ab + b²
I = I₁ = I₂ = I₃
V = V₁ + V₂ + V₃
R = R₁ + R₂ + R₃
log(ab) = loga + logb

8장

세상을 오래 밝힌 토머스 에디슨

＊ 토머스 에디슨

미국의 발명가

1847년 출생, 1931년 사망

축음기, 전화 송신기, 전구 등 1000여 개 넘는 발명을 하고 특허를 얻음

전기 조명 회사 제너럴 일렉트릭 설립

Thomas Alva Edison

어머니, 학교에서는 더 이상 톰을 가르칠 수가 없습니다.
집에서 교육하시는 게 좋겠어요.

-

선생님, 제 아이는 분명 훌륭한 사람이 될 거예요.
저는 그저 아들을 믿고 기다릴 겁니다.

사진 1. 1915년, 토머스 에디슨.

안녕! 두 분의 대화만 들어도 내가 누군지 알겠지? 맞아, 난 토머스 에디슨이야.

궁금한 건 못 참아. 내 눈으로 확인해야 해!

난 1847년 2월 11일, 미국 오하이오주 밀란에서 태어났어. 어릴 적부터 호기심이 많았던 나는 궁금한 게 생기면 어른들이 귀찮아할 정도로 끈질기게 질문했지. 그리고 어떻게든 해결해야 마음이 후련했어.

달걀을 품어서 병아리를 부화시키겠다고 어미 닭처럼 알을 품는가 하면, 학교에서는 너무 산만하고 끊임없이 질문을 쏟아 내서 늘 혼이 났지. 이렇게 궁금한 것도 많고 엉뚱

한 일만 저지르는 나를 선생님은 힘들어하셨던 거야.

그런데 난 학교를 그만두고 어머니와 공부하는 게 훨씬 좋았어! 학교 선생님이었던 어머니는 나를 헌신적으로 가르치셨어. 어머니의 가르침 덕분에 세계 최고의 발명가가 될 수 있었다고 생각해.

"지금의 나를 만든 건 내 어머니입니다. 어머니는 늘 나를 믿어 주셨습니다. 그 믿음은 나에게 무엇이라도 해낼 수 있다는 자신감을 불어넣어 주었습니다. 나는 그런 어머니를 실망시키고 싶지 않았습니다."

늘 궁금한 게 많다 보니, 그걸 해결하기 위해 많은 생각과 실험을 했고, 자연스럽게 발명가가 되었어. 1869년, 내가 처음으로 취득한 발명 특허는 '전기 투표 기록기'야. 투표 결과를 빠르게 집계할 수 있는 기계였지. 하지만 이 발명품은 성공을 거두지 못했어. 난 그때 깨달았지.

'사람들이 사 주지 않는 발명품은 쓸모없다. 그것은 사업적으로 유망하지 못한 발명품일 뿐이다. 이제부터

팔 수 없는 것은 절대로 발명하지 않을 것이다.

사람들이 사 준다는 것은 곧 성공을 의미한다!'

세상을 밝히려고 노력했어!

난 발명가로서 평생 1,000가지가 넘는 발명을 했어. 그중 가장 중요한 걸 꼽으라면 단연 '백열전구'야. 많은 사람이 내가 백열전구를 처음 발명한 것으로 알고 있는데, 그건 아니야.

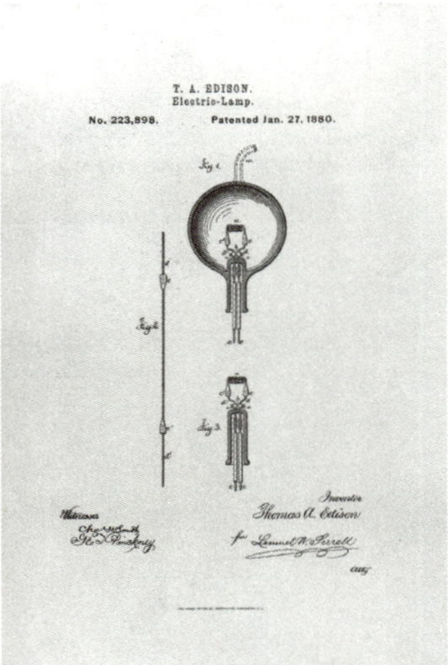

사진 2. 탄소 필라멘트로 오래 빛을 발하는 백열전구를 만든 에디슨이 낸 특허.

백열전구는 1802년에 영국의 화학자 험프리 데이비가 처음 만들었어. 그 후에도 많은 과학자가 오래 쓸 수 있는 백열전구를 만들기 위해 노력했지. 내가 잘한 게 바로 이거야.

1879년, 난 영국의 화학자이자 물리학자인 조지프 스완과 함께 탄소 필라멘트를 사용하는 백열전구를 만들었어. 이 백열전구는 10시간 이상 끊어지지 않고 빛을 냈지.

탄소 필라멘트를 만들려고 노력했던 1878년이 생생하게 기억나. 전구가 세상에 나오기 전까지는 석유와 가스로 등을 만들어 사용했어. 그래서 나는 생각했지.

'전기를 이용하면 빛을 만들 수 있다는 것은 이미 밝혀졌다. 문제는 그 빛을 오래 유지하는 것이다. 그렇게 하려면 전구에 들어가는 필라멘트가 쉽게 타지 않도록 해야 한다. 그래야 백열전구를 실생활에서 사용할 수 있다!'

난 백열전구를 연구하며 무수한 시행착오를 거쳤어. 결국 어릴 적부터 호기심을 해결하기 위해 노력했던 내 끈질긴 집념 덕에 문제를 해결했지. 내가 한 말 알지?

"천재는 99%의 땀과 1%의 영감으로 이루어진다!"

드디어 1879년 10월, 나는 목화솜으로 만든 실로 탄소 필라멘트 문제를 해결했어. 백열전구 속을 진공으로 만든 다음, 그 속에 탄소 필라멘트를 연결하면 쉽게 타지 않고 빛을

낼 수 있었어.

나는 여기서 멈추지 않았어. 더 좋은 필라멘트를 만들기 위해 노력했지. 그래서 찾은 것이 대나무를 사용한 필라멘트야. 이 백열전구는 무려 1,000시간 이상 빛을 냈어! 어마어마하지?

어떤 백열전구도 내가 만든 것만큼 오랜 시간 빛을 내는 것은 없었어. 이제 세상 어디서나 내가 만든 백열전구를 사용하게 되었지. 이 정도면 노벨상감 아니야? 실제로 1915년 《뉴욕타임스》에는 "에디슨과 테슬라, 노벨 물리학상 공동 수상"이라는 기사도 실렸어.

물론 이 기사대로 노벨상을 받은 건 아니야. 당시 나와 테슬라는 '전류 전쟁'을 벌이고 있었거든. 함께 받는 것은 나도 싫었어. 내가 만약 노벨상을 받는다면 화학상을 받고 싶었지.

앞서 1903년에, 스웨덴의 화학자이자 물리학자인 스반테 아레니우스가 전기 현상과 화학 현상 사이의 관계를 연구해서 노벨 화학상을 받았어. 전구의 열과 빛을 오랫동안 유지할 수 있는 물질을 탐구하는 것은 화학의 주요 연구 과제였거든.

19세기 후반의 이 연구는 오늘날로 치면 반도체 물질을 연구하고, 상온 초전도체 물질을 찾아내는 것에 비교할 만한 연구였어. 백열전구는 산업을 발전시키고, 20세기 문명을 일으키는 역할을 톡톡히 했지. 백열전구의 불빛 덕분에 늦은 밤까지 일을 할 수 있게 되었으니 말이야.

사진 3. 1910년, 뉴욕의 한 유명 신문에 실린 에디슨의 캐리커처.

내 어머니 말씀이 맞지? 어머니가 믿고 기다려 준 덕분에 난 세상을 밝힌 사람이 되었어. 니콜라 테슬라와 함께 노벨상을 받았더라면 더 좋았겠지만 말이야.

내가 세상을 떠나던 날 감사하게도 많은 사람이 애도하며 슬퍼해 주었어. 특히 미국 모든 가정에서는 1분 동안 전등을 끄고 나를 추모했다고 하니, 노벨상보다 더 큰 상이 아니겠어?

"어머니의 말씀대로 세상을 밝힌 사람이 되었습니다.
이것은 오로지 어머니 덕분입니다!"

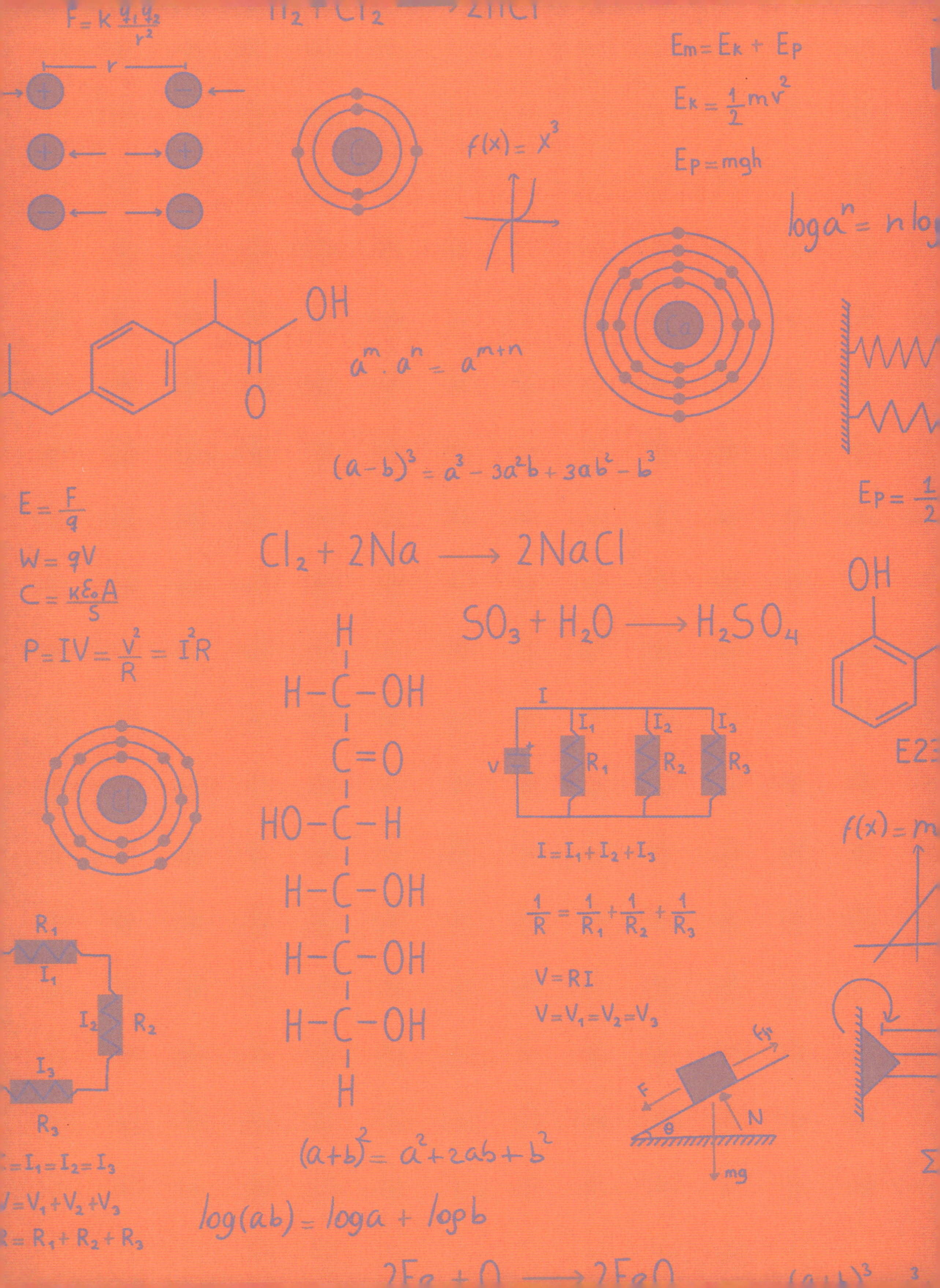

F = k q1q2 / r²
Em = Ek + Ep
Ek = 1/2 mv²
Ep = mgh
f(x) = x³
log aⁿ = n log
OH
O
aᵐ · aⁿ = aᵐ⁺ⁿ
(a−b)³ = a³ − 3a²b + 3ab² − b³
E = F/q
W = qV
C = kε₀A/S
P = IV = V²/R = I²R
Cl₂ + 2Na ⟶ 2NaCl
SO₃ + H₂O ⟶ H₂SO₄
H
H−C−OH
C=O
HO−C−H
H−C−OH
H−C−OH
H−C−OH
H
I = I₁ + I₂ + I₃
1/R = 1/R₁ + 1/R₂ + 1/R₃
V = RI
V = V₁ = V₂ = V₃
F
N
mg
(a+b)² = a² + 2ab + b²
I = I₁ = I₂ = I₃
V = V₁ + V₂ + V₃
R = R₁ + R₂ + R₃
log(ab) = log a + log b

최조로 핵분열을 발견한

리제 마이트너

* **리제 마이트너**

오스트리아에서 태어난 스웨덴의 발명가
1878년 출생, 1968년 사망
화학자 오토 한과 함께 우라늄이 중성자를 흡수하면 핵분열을 일으킨다는 사실을 발견
1997년 발견된 원자 번호 109번 원소에 리제 마이트너의 이름을 따 '마이트너륨'이라고 명명

Elise "Lise" Meitner

"

리제 이모! 저 오토 프리슈예요.
한때는 예술가의 길을 걸을까 생각한 적도 있지만,
과학 연구에 몰두하는 이모의 모습에 영향을 받아
저도 물리학자가 되었어요!
1944년에 이모와 함께 노벨 화학상을 받았더라면
얼마나 좋았을까 하는 아쉬움이 남아요.
저는 못 받더라도 이모는 꼭 받을 줄 알았는데….

"

사진 1. 1906년, 리제 마이트너.

사랑하는 내 조카 프리슈! 나도 네 어머니가 피아니스트이고 아버지가 화가여서 네가 예술가가 될 줄 알았어. 그런데 나를 따라 물리학자가 되어 정말 뿌듯했단다. 예술가도 좋지만, 과학을 하는 것도 참 멋진 일이거든. 핵분열을 연구할 때 네 도움을 많이 받았어!

최고의 선생님 덕분에 박사 학위까지 받았어!

안녕! 난 리제 마이트너야. 조금 낯설다고? 난 여성으로서 오스트리아에서 두 번째로 박사 학위를 받았고, 독일에서는 첫 번째로 정교수가 된 사람이야. 1878년 11월 7일, 내가 오스트리아에서 태어났을 당시는 여성이 박사 학위를 받거나 교수가 되는 일이 극히 드물었어.

난 여자라는 이유로 학교에도 가지 못했어. 하지만 아버지가 오스트리아 최초의 유대계 법조인이어서 가정 형편이 어렵지 않았고, 그래서 선생님을 집으로 불러 공부할 수 있었지.

나는 어릴 적부터 수학과 과학을 좋아했고, 오스트리아를 대표하는 물리학자 루트비히 볼츠만 선생님이 우리 집으로 와서 과학을 가르쳐 주셨어.

볼츠만 선생님 덕분에 나는 빈 대학교에 들어가서 과학을 공부했고, 박사 학위까지 받을 수 있었어. 그리고 독일 베를린으로 가서 막스 플랑크의 조교로 연구 생활을 했지. 플랑크는 1918년에 노벨 물리학상을 받은 물리학자이고, 양자역학의 창시자였어.

조교로 근무하면서 화학자 오토 한을 만나 함께 연구하기도 했지. 한은 1944년에 노벨 화학상을 받았어.

나는 1926년 베를린 대학교의 정교수가 되었어. 아까 말한 것처럼, 난 독일에서 정교수가 된 최초의 여성이야. 20세기 최고의 과학자 알베르트 아인슈타인이 이렇게 말할 정도였어.

"리제 마이트너는 독일의 마리 퀴리입니다."

폴란드 태생 프랑스의 물리학자이자 화학자인 마리 퀴리 알지? 첫 번째로 노벨 물리학상과 노벨 화학상을 받은 마리 퀴리는 나에게는 하늘 같은 선배였어. 아인슈타인이 나와 퀴리 선배를 함께 이야기해 준 것만으로도 감사한 일이지.

사진 2. 1920년, 베를린의 물리학자들과 화학자들. 소파에 앉아 있는 리제 마이트너(오른쪽), 왼쪽 끝에 서 있는 아인슈타인, 오른쪽 끝에 앉아 있는 오토 한의 모습.

원자핵이 분열하면 엄청난 에너지가 나와!

독일에서 승승장구하던 나에게 검은 구름이 다가왔어. 1933년, 나는 카이저 빌헬름 화학연구소에서 물리학부장으로 연구하고 있었는데 히틀러가 정권을 잡고 오스트리아를 합병한 거야. 그러니까 하루아침에 고국인 오스트리아가 독일이 되어 버린 거지.

내 뜻과 상관없이 독일인이 되어서 독일의 법을 따라야 했어. 나는 살아남기 위해서 어쩔 수 없이 독일을 떠났지. 조카인 오토 프리슈도 마찬가지였어. 나는 유럽 과학자들과 접촉했고, 그들은 내가 네덜란드에 입국할 수 있도록 헌신적으로 도와주었어.

독일을 떠나면서, 나는 모든 지위와 재산을 버리고 몸만 빠져나와야 했어. 난 네덜란드를 거쳐서 덴마크에 도착해 닐스 보어를 만났지. 보어는 1922년에 원자의 구조 연구로 노벨 물리학상을 받은 물리학자였고, 나에게 스웨덴의 연구소를 소개해 주었어. 스웨덴에서의 연구 생활이 시작된 거야!

전쟁이 끝난 뒤에 누군가 그때 상황을 묻기에 이렇게 말했지.

"독일을 생각하면 치가 떨립니다. 독일인들은
강제수용소에 가서 그 참상을 두 눈으로
똑똑히 봐야 합니다."

내가 한 연구는 주로 우라늄의 핵분열에 관련된 것들이었어. 나는 독일에서 오토 한과 공동으로 연구하며 우라늄의 원자핵이 쪼개질 가능성이 있다는 사실을 알아냈어. 그리고 그 우라늄의 원자핵이 핵분열을 일으킬 때 나오는 결과를 구체적으로 알아냈지.

1938년 12월, 오토 한이 스웨덴에 있던 나에게 이런 편지를 보내 왔어.

"우라늄의 원자핵이 분열해서 생긴 물질은
바륨 같습니다. 마이트너, 당신이 이 실험 결과를
설명해 줄 거라 믿습니다."

나는 생각했지. 바륨이 어떻게 나왔을까?

"그래, 중성자와 충돌한 우라늄의 원자핵이

갈라지면서 2개의 다른 원자핵이 된 거야.
우라늄 원자핵은 이렇게 핵분열하는 거야!"

핵분열이라는 말은 1934년에 독일의 화학자이자 물리학자인 이다 노다크가 처음으로 사용한 거야. 앞 장에서 이미 만났지? 후배 학자인 노다크는 핵분열 현상을 처음으로 예견했지만, 그 과정을 설명하지는 못했어. 그걸 내가 한 거야. 조카인 오토 프리슈와 함께 말이지.

내가 연구한 것 중에 중요한 게 또 있어. 우라늄의 원자핵이 쪼개지는 것을 핵분열이라고 했지? 이때 나오는 에너지를 아인슈타인의 '질량-에너지 등가원리'로 설명해 냈다는 거야.

아인슈타인은 아주 작은 질량 차이라도 광속도의 도움을 받으면 엄청난 양의 에너지로 바뀔 수 있다고 주장했어. '$E=mc^2$'이라는 공식 본 적 있지? 그 에너지의 양을 내가 계산한 거야. 계산해 보니 정말 엄청난 양의 에너지가 나오더라고. '질량-에너지 등가원리'를 입증한 거지. 이걸 내가 처음으로 한 거야.

이런 업적이라면 오토 한과 공동으로 노벨 화학상을 받아야 한다고 많은 과학자가 말했어. 내 조카 오토 프리슈도 자격이 충분하고 말이야. 하지만 노벨 위원회의 화학 담당

사진 3. 독일 베를린 알테스 박물관에 놓인 '$E=mc^2$' 조형물.

질량-에너지 등가원리, $E=mc^2$

상대성이론의 트레이드 마크는 $E=mc^2$이에요. 여기서 E는 에너지, m은 물체의 질량, 그리고 c는 광속을 말해요. 이 식은 질량과 에너지가 같다는 뜻이에요.
핵분열 에너지를 질량-에너지 등가원리($E=mc^2$)를 이용해 계산하는 방법은, 핵분열 전후의 질량 차이를 구한 다음, 그 질량에 빛의 속도의 제곱을 곱해 에너지로 환산하는 거예요.

위원들이 나와 프리슈의 기여를 제대로 평가하지 못한 것 같아.

솔직히 오토 한만 노벨상을 받은 건 좀 서운하긴 해. 그래도 원자 번호 109번에 내 이름을 넣어 '마이트너륨'이라고 지은 것은 참으로 감사한 일이야. 또 사랑하는 조카가 내 묘비명도 써 주었지. 부끄럽지만 내 마음에 쏙 들어. 오토 프리슈, 고마워!

"리제 마이트너, 단 한 번도 인간성을 잃지 않았던 물리학자!"

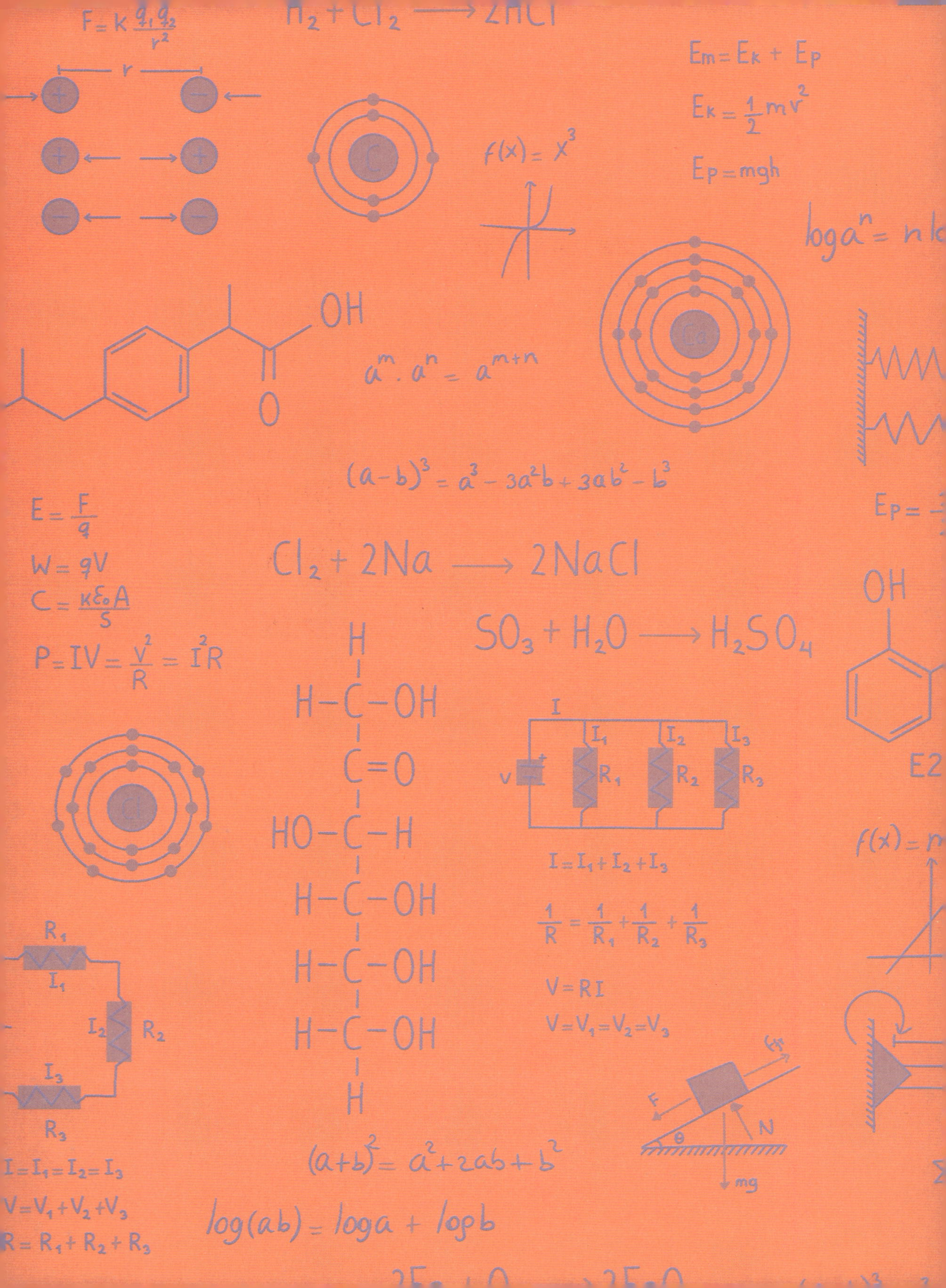
F = k q1q2/r²
Em = Ek + Ep
Ek = 1/2 mv²
Ep = mgh
f(x) = x³
OH
aᵐ · aⁿ = aᵐ⁺ⁿ
(a−b)³ = a³ − 3a²b + 3ab² − b³
E = F/q
W = qV
C = κε₀A/S
P = IV = V²/R = I²R
Cl₂ + 2Na → 2NaCl
SO₃ + H₂O → H₂SO₄
H
H−C−OH
C=O
HO−C−H
H−C−OH
H−C−OH
H−C−OH
H
I = I₁ + I₂ + I₃
1/R = 1/R₁ + 1/R₂ + 1/R₃
V = RI
V = V₁ = V₂ = V₃
I = I₁ = I₂ = I₃
V = V₁ + V₂ + V₃
R = R₁ + R₂ + R₃
(a+b)² = a² + 2ab + b²
log(ab) = loga + logb
F
N
mg
θ

생명의 기원을 파헤친

알렉산드르 오파린

＊ 알렉산드르 오파린

러시아의 생화학자이자 생물학자

1894년 출생, 1980년 사망

『생명의 기원』을 발표해 무기 물질로부터 유기물 및 생명이 발생한다고 주장

합리적인 생화학의 기초를 세움

Aleksandr Ivanovich Oparin

"내 친구 오파린 교수! 난 해럴드 유리라오.
내 제자 스탠리 밀러와 한 실험은 잘 알고 있지요?
생명의 기원에 관한 그 실험은 대단히 성공적이었소.
교수의 가설은 옳았고, 난 두 번째 노벨 화학상을
받는 줄 알았다오. 안타깝게 그렇게 되지는 않았지만,
내 노벨 화학상이라도 당신과 나누고 싶은 마음이오."

사진 1. 1970년대, 알렉산드르 오파린.

유리 교수! 이미 받은 노벨 화학상을 나눌 수는 없으니, 그 고마운 마음만 받겠소. 내 가설을 실험으로 입증해 준 것만으로도 감사한 마음이오. 밀러에게도 내 마음을 전해 주시오.

생명체가 어떻게 탄생했는지 궁금했어!

안녕! 난 해럴드 유리 교수가 말한 알렉산드르 오파린이야. 1894년 3월 2일에 러시아 우글리치에서 태어났어. 유리 교수가 1893년생이니 우리는 친구나 다름없지.

난 어릴 때부터 식물과 같은 생명체에 관심이 많았어. 그래서 모스크바 대학교에 입학해 식물학을 전공했지. 1917

년 대학을 졸업한 뒤에는 생화학 연구소에서 근무했어. 그리고 독일로 유학을 떠나 단백질을 연구했지. 1927년에는 모교인 모스크바 대학교에서 생화학 교수가 되었어.

생화학이란 생명체를 구성하는 물질을 화학적으로 연구하거나, 생명 현상을 분자와 원자 수준에서 연구하는 학문이야. 그래서 나는 식물 효소와 신진대사 같은 주제를 연구했지. 식물의 호흡을 화학적으로 연구한 거야. 그러다 보니 생명의 기원이 궁금했어. 도대체 생명은 언제, 어떻게 탄생했을까?

"지구에 존재하는 생명체들은 원시 세포에서 생겨났고,
차츰차츰 화학적인 변화를 거치면서
오늘날과 같은 생명체로 진화했다."

이것이 바로 내가 1924년 발표한 '생명 진화에 관한 가설'이야. 그동안의 연구 결과를 신중하게 정리했지. 그랬더니 학자들이 이렇게 말하는 거야.

"오파린의 주장은 성경에서 얘기하는 창조론과 너무나

다릅니다. 성경을 한 페이지라도 읽어 보았을까? 하는 의심이 듭니다."

"개, 고양이, 돼지, 소, 닭 들은 물론이고, 만물의 영장인 인간까지 원시 세포에서 창조됐다는 건데, 이게 말이나 됩니까?"

"오파린의 주장은 너무나도 터무니없고, 어처구니가 없어서 말이 안 나올 지경입니다!"

그래도 나는 좌절하거나 포기하지 않았어. 오히려 이런 생각을 했지.

'생명의 기원에 관한 이론을 정립하려면,
식물학과 관련된 분야만 연구해선 안 되겠구나!'

나는 생화학과 유기화학은 물론이고, 지구과학과 천문학을 공부하기 시작했어. 이런 학문을 통합적으로 공부해야만 논리적이고 합리적인 생명의 기원 이론을 내놓을 수 있다고 생각한 거지.

생명의 기원에 관한 가설이 실험으로 입증됐어!

나는 생명의 기원에 관해 깊이 있게 연구하며 특별 강좌도 하고, 책도 썼어. 1936년에 발표한 『생명의 기원』이라는 책에서 이렇게 주장했지.

"옛날 옛적 지구가 탄생한 지 얼마 되지 않았을 즈음,
지구에는 메테인, 수소, 수증기, 암모니아와 같은

기체들이 지구의 대기를 가득 채우고 있었습니다.
이런 기체들은 생명의 진화를 돕는 '원료' 역할을
했습니다."

이것을 내 이름을 따서 '오파린의 가설'이라고 해. '자연발생설'이라고도 하고.

하지만 난 내가 발표한 생명의 기원 이론을 실험으로 입증해 보이지는 못했어. 그래서 과학자들로부터 큰 호응을

원시 생명체의 탄생 과정

1. 지구에 원시 대기가 가득하다.
2. 원시 대기는 메테인, 수소, 수증기, 암모니아 등이다.
3. 태양에서 나온 빛이 지구의 원시 대기와 충돌한다.
4. 태양 빛의 자외선과 열에너지, 천둥 번개가 메테인, 수소, 수증기, 암모니아 등과 어우러지고 화학반응을 한다.
5. 새로운 물질인 아미노산, 당, 핵염기 등이 만들어진다.
6. 아미노산, 당, 핵염기 등은 생명을 이루는 기본 물질이다.
7. 아미노산, 당, 핵염기 등이 바다로 흘러 들어간다.
8. 그중 일부가 농축되어 생명체를 구성하는 단백질 같은 물질이 만들어진다.
9. 이런 물질들이 뭉쳐지면서 원시 세포가 탄생한다.
10. 원시 세포에서 최초의 원시 생명체가 탄생한다.

얻지 못했지.

그런데 1953년에 놀라운 실험 결과가 발표된 거야. 앞에서 이야기했던 미국 시카고 대학교의 해럴드 유리와 그의 제자 스탠리 밀러가 내가 말한 대로 실험을 해 보았대. 원시 대기에 인공 방전기로 방전 실험을 했더니 아미노산과 당, 핵염기 등이 생성된 거야.

이 실험이 있기 전까지 내 가설은 과학자들 사이에서 거의 무시되다시피 했어. 하지만 '밀러-유리 실험' 이후로는 사정이 달라졌지. 많은 과학자가 내 가설을 진지하게 연구하기 시작한 거야.

이게 다 내 친구 해럴드 유리와 그의 제자 스탠리 밀러 덕분이었어. 내가 하지 못한 실험을 이들이 한 거잖아. 노벨 화학상을 받는 게 마땅하지. 나도 함께 받았다면 더 좋았겠지만 말이야.

물론 나 같은 생화학자가 노벨 화학상을 받은 적도 있어. 1946년 미국의 존 하워드 노스럽과 웬들 메러디스 스탠리가 효소와 단백질 연구로 화학상을 받았어. 1962년에는 영국의 생화학자 존 켄드루도 단백질 구조 연구로 화학상을 받았지. 2024년 미국의 생화학자 데이비드 베이커도 화학

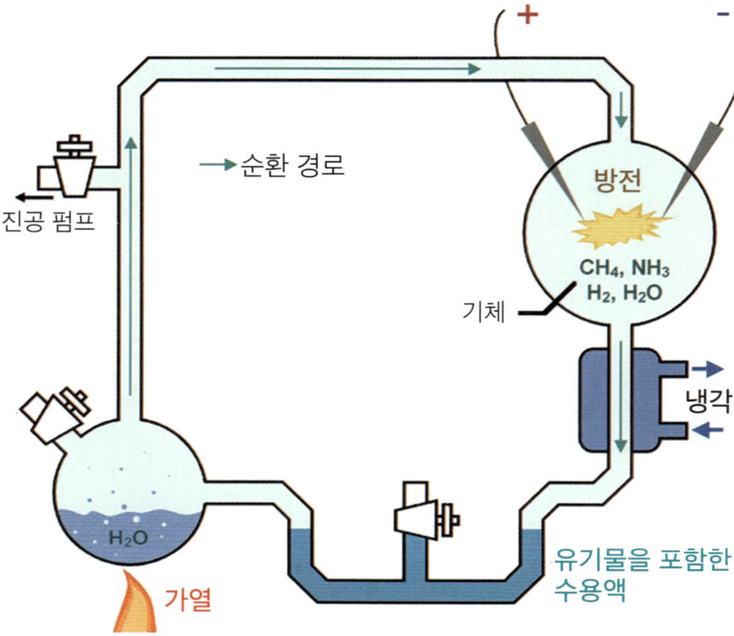

사진 2. 밀러-유리 실험.

밀러-유리 실험

'밀러-유리 실험'은 물을 가열해 수증기를 만들고, 번개와 같은 방전으로 원시 대기를 만들어, 무기물에서 생명체에 필요한 유기물을 합성할 수 있음을 보여 주는 실험이에요.

상을 받았고 말이야. 생화학자들의 활약이 대단하지?

"내 친구 유리 교수! 내 가설을 실험으로 멋지게 입증해 줘서 고맙소. 당신과 당신의 제자가 아니었더라면 나는 평범한 생화학 교수에 지나지 않았을 거요. 그 실험으로 나는 1970년 국제생명기원연구학회 회장으로 선출되었고, 1979년에는 '생화학 분야의 뛰어난 업적'을 인정받아 로모노소프 금메달도 받았다오. 다시 한번 감사한 마음을 전하오."

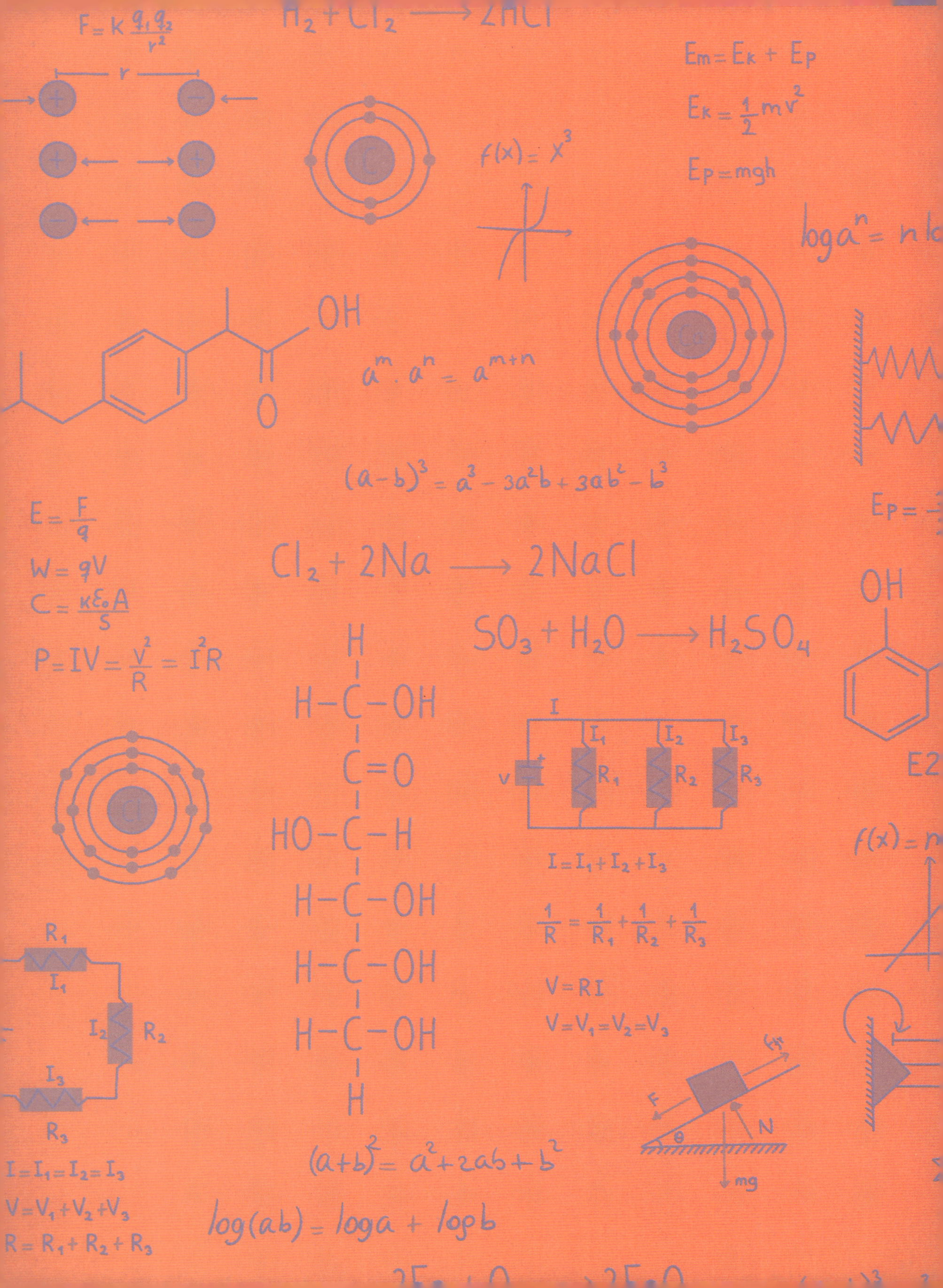
F=k q1q2/r²
H2 + Cl2 → 2HCl
Em = Ek + Ep
Ek = 1/2 mv²
Ep = mgh
f(x) = x³
OH
O
aᵐ.aⁿ = aᵐ⁺ⁿ
(a−b)³ = a³ − 3a²b + 3ab² − b³
E = F/q
W = qV
C = κε₀A/S
P = IV = V²/R = I²R
Cl2 + 2Na → 2NaCl
SO3 + H2O → H2SO4
H
H−C−OH
C=O
HO−C−H
H−C−OH
H−C−OH
H−C−OH
H
I
I1
I2
I3
V
R1
R2
R3
I = I1 + I2 + I3
1/R = 1/R1 + 1/R2 + 1/R3
V = RI
V = V1 = V2 = V3
F
N
θ
mg
I = I1 = I2 = I3
V = V1 + V2 + V3
R = R1 + R2 + R3
(a+b)² = a² + 2ab + b²
log(ab) = loga + logb

가장 많은 원소를 발견한 앨버트 기오소

＊ 앨버트 기오소

미국의 핵물리학자

1915년 출생, 2010년 사망

자연 상태에서의 핵분열을 포함한 핵붕괴 방사선을 검출하는 중요한 장비들을 개발

원자 번호 95번 아메리슘부터 106번 시보귬에 이르기까지 역사상 가장 많은 원소를 발견

Albert Ghiorso

“

앨버트! 형 글렌이야. 우리는 피를 나눈 형제는 아니지만,
그 이상으로 가까이 지내며 함께 연구했지.
내가 노벨 화학상을 받은 것도 다 자네 덕분이야.
함께 연구해서 많은 원소를 발견했는데,
나와 에드윈 맥밀런만 노벨상을 받았어.
이 노벨상을 자네와 함께 나누었으면 좋겠네.

”

사진 1. 1970년경, 앨버트 기오소.

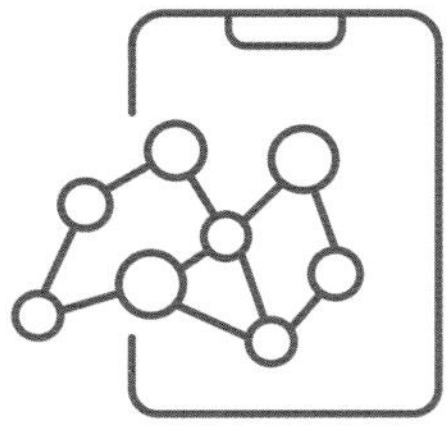

아, 글렌 형님! 노벨상을 나눠 가질 수는 없지만, 말씀만으로도 감사합니다. 제가 많은 원소를 발견한 것은 다 형님 덕분이에요. 저는 세계에서 가장 많은 원소를 발견해 기네스북에 오른 것만으로도 영광입니다!

기계와 전기에 관심이 많았어!

안녕, 난 글렌 형님이 말한 앨버트 기오소야. 1915년 7월 15일에 태어났지. 글렌 형님이 1912년생이니 나보다 3살이 많네. 난 미국 캘리포니아주 발레이오라는 도시에서 태어났어. 어릴 때부터 기계장치를 탐구하고 발명하는 데 관심이 많았어.

비행기를 비롯한 항공 관련 기술이나 라디오 전파, 통신 기술 등이 너무 신기하더라고. 그래서 이런 나의 재능을 꽃피우기 위해 캘리포니아 대학교 버클리에 입학해 전기공학을 전공했지. 그리고 1937년에 졸업해서 전기공학 학사 학위를 받았어.

난 대학원에 입학하지 않고 취업하기로 했어. 그래서 들어간 첫 직장은 정부에 방사선 탐지기를 공급하는 회사였지. 그곳에서 방사선 탐지기를 개발하고 개량하는 연구를 했어. 그러면서 내 모교인 캘리포니아 대학교의 방사선 연구소 핵과학자들과 친분을 맺게 되었지.

거기서 글렌 시보그를 만난 거야. 글렌 형님은 1941년부터 이 학교의 교수로 일하고 있었는데 당시 최고의 핵화학자였어. 아까 얘기한 것처럼 1951년에 노벨 화학상을 받았고, 1958년에는 이 대학교의 총장이 되었어. 글렌 시보그와의 인연은 내 인생에 아주 큰 영향을 주었지.

글렌 형님과는 피를 나눈 형제 이상으로 돈독했어. 캘리포니아 대학교 방사선 연구소에 근무하던 두 여직원이 있었는데, 그중 한 명은 글렌 형님과 결혼했고, 다른 한 명은 나와 결혼했을 정도라니까.

제2차 세계대전이 일어나자, 글렌 형님은 미국의 원자폭탄 개발 계획인 '맨해튼 프로젝트'에 참여하기 위해 캘리포니아를 떠나야 했어. 그때 형님이 이렇게 말했지.

"앨버트, 내가 맨해튼 프로젝트에 참여하게 됐는데,
자네를 적극 추천했어. 자네 실력이라면 큰일을 할 수
있을 거야. 나랑 함께 가지 않겠나?"

12개의 원소를 발견해 기네스북에 올랐어!

난 4년 정도 맨해튼 프로젝트에 참여하면서 방사선과 관련된 장비들을 연구하고 개발했어. 이 과정에서 글렌 형님과 함께 원자 번호 95번 원소인 아메리슘과 96번 원소인 퀴륨을 발견했지.

원소의 주기율표를 보면 118번까지의 원소가 있잖아? 자연에서 안정적으로 존재하는 원소는 92번인 우라늄까지야. 그러니까 93번인 플루토늄부터는 인공적으로 만들어 낸 원소지. 그래서 이런 원소를 '초우라늄 원소'라고 해.

↓Period \ Group→	1	2		3	4	5	6	7	8	9	10	11	12	13	14	15	16	17	18
1	1 H																		2 He
2	3 Li	4 Be												5 B	6 C	7 N	8 O	9 F	10 Ne
3	11 Na	12 Mg												13 Al	14 Si	15 P	16 S	17 Cl	18 Ar
4	19 K	20 Ca		21 Sc	22 Ti	23 V	24 Cr	25 Mn	26 Fe	27 Co	28 Ni	29 Cu	30 Zn	31 Ga	32 Ge	33 As	34 Se	35 Br	36 Kr
5	37 Rb	38 Sr		39 Y	40 Zr	41 Nb	42 Mo	43 Tc	44 Ru	45 Rh	46 Pd	47 Ag	48 Cd	49 In	50 Sn	51 Sb	52 Te	53 I	54 Xe
6	55 Cs	56 Ba	*	71 Lu	72 Hf	73 Ta	74 W	75 Re	76 Os	77 Ir	78 Pt	79 Au	80 Hg	81 Tl	82 Pb	83 Bi	84 Po	85 At	86 Rn
7	87 Fr	88 Ra	**	103 Lr	104 Rf	105 Db	106 Sg	107 Bh	108 Hs	109 Mt	110 Ds	111 Rg	112 Cn	113 Nh	114 Fl	115 Mc	116 Lv	117 Ts	118 Og
			*	57 La	58 Ce	59 Pr	60 Nd	61 Pm	62 Sm	63 Eu	64 Gd	65 Tb	66 Dy	67 Ho	68 Er	69 Tm	70 Yb		
			**	89 Ac	90 Th	91 Pa	92 U	93 Np	94 Pu	95 Am	96 Cm	97 Bk	98 Cf	99 Es	100 Fm	101 Md	102 No		

사진 2, 주기율표.

초우라늄

자연적으로 존재하는 원소 중 가장 무거운 것은 원자 번호 92번인 '우라늄'이에요. 93번부터는 인공적으로 만들어 낸 원소들이에요. 이런 원소를 '우라늄보다 무겁다' 또는 '우라늄보다 원자 번호가 높다'는 의미에서 '초우라늄 원소'라고 불러요.

제2차 세계대전이 끝나고, 난 글렌 형님과 함께 로렌스 버클리 국립 연구소에서 연구했어. 우리는 여러 과학자와 사이클로트론을 이용해서 새로운 원소들을 발견하는 실험을 했지. 사이클로트론은 입자를 아주 빠른 속도로 원자핵에 충돌시키는 장치야. 이런 장치를 이용하면 인공적으로 새로운 원소를 만들 수 있지.

이렇게 1944년부터 1974년까지, 총 12개의 원소를 발견했어. 아래의 원소들이 내가 발견한 원소야.

1944년 아메리슘(원자 번호 95), 퀴륨(원자 번호 96)

1949년 버클륨(원자 번호 97)

1950년 캘리포늄(원자 번호 98)

1952년 아인슈타이늄(원자 번호 99)

1953년 페르뮴(원자 번호 100)

1955년 멘델레븀(원자 번호 101)

1958~1959년 노벨륨(원자 번호 102)

1961년 로렌슘(원자 번호 103)

1969년 러더포듐(원자 번호 104)

1970년 더브늄(원자 번호 105)

1974년 시보귬(원자 번호 106)

원소의 이름을 보면 뭔가 공통점이 있지? '아메리슘'은 미국을 뜻하는 아메리카에서, '버클륨', '캘리포늄', '로렌슘'은 캘리포니아 로렌스 버클리 연구소에서 이름을 따서 붙인 거야.

'퀴륨'은 마리 퀴리, '아인슈타이늄'은 아인슈타인, '페르뮴'은 페르미, '멘델레븀'은 멘델레예프, '노벨륨'은 노벨, '러더포듐'은 러더퍼드의 업적을 기리기 위한 거지. '더브늄'은 소련 두브나에 있는 연구소의 이름을 딴 거야.

그러면 106번 '시보귬'은 뭘까? 바로 글렌 형님의 이름인 글렌 시보그에서 따온 거야. 글렌 형님이 그만큼 중요한 위치에 있었던 거지. 그러니 노벨 화학상을 받은 거야.

내가 발견한 원소들은 원자 번호가 큰 원소들이야. 이런 원소들은 혼자 발견하기가 어려워서 공동 연구를 할 수밖에 없어. 이런 경우 연구에 참여한 모든 과학자에게 노벨상을 줄 수는 없으니, 공동 연구를 이끈 최고 책임자가 노벨상을 받는 거지. 왜냐하면 노벨상은 공동으로 수상하더라도 많아야 3명까지만 준다는 규정이 있기 때문이야.

난 뛰어난 기계 기술과 끈질긴 집념으로 연구에 참여해 12개의 새로운 원소를 발견하는 데 큰 역할을 했지만, 최고 책임자가 아니었기 때문에 노벨상은 받지 못했어.

하지만 글렌 형님 덕에 연구에 참여할 수 있었고, 세계에서 가장 많은 원소를 발견해 기네스북에도 올랐으니, 이만하면 나도 대단하지?

글렌 형님에 대한 감사의 표현으로, 내가 원자 번호 106번을 발견했을 때인 1974년에 원소의 이름을 '시보귬'으로 짓자고 제안했어. 그런데 살아 있는 사람의 이름으로 원소 이름을 짓는 것에 많은 사람이 반대했고, 결국 긴 토론 끝에 인정이 되었지. 참 다행스러운 일이었어.

원자 번호 106번 이후로도 새로운 원소는 계속 발견되었어. 118번 원소가 발견되었을 때, 연구팀이 내 이름을 따서 '기오슘'으로 붙일 것을 제안했었어. 그런데 실험 결과에 이상이 있어 무산되었지. 결국 118번 원소에는 '오가네손'이라는 이름이 붙었어. 난 새로운 원소에 내 이름을 붙이려고 한 것만으로도 감동이었어. 언젠가는 내 이름을 딴 원소가 나오지 않을까?

"글렌 형님, 지켜봐 주세요. 언젠가 제 이름을 딴
'기오슘'도 발견될 겁니다!"

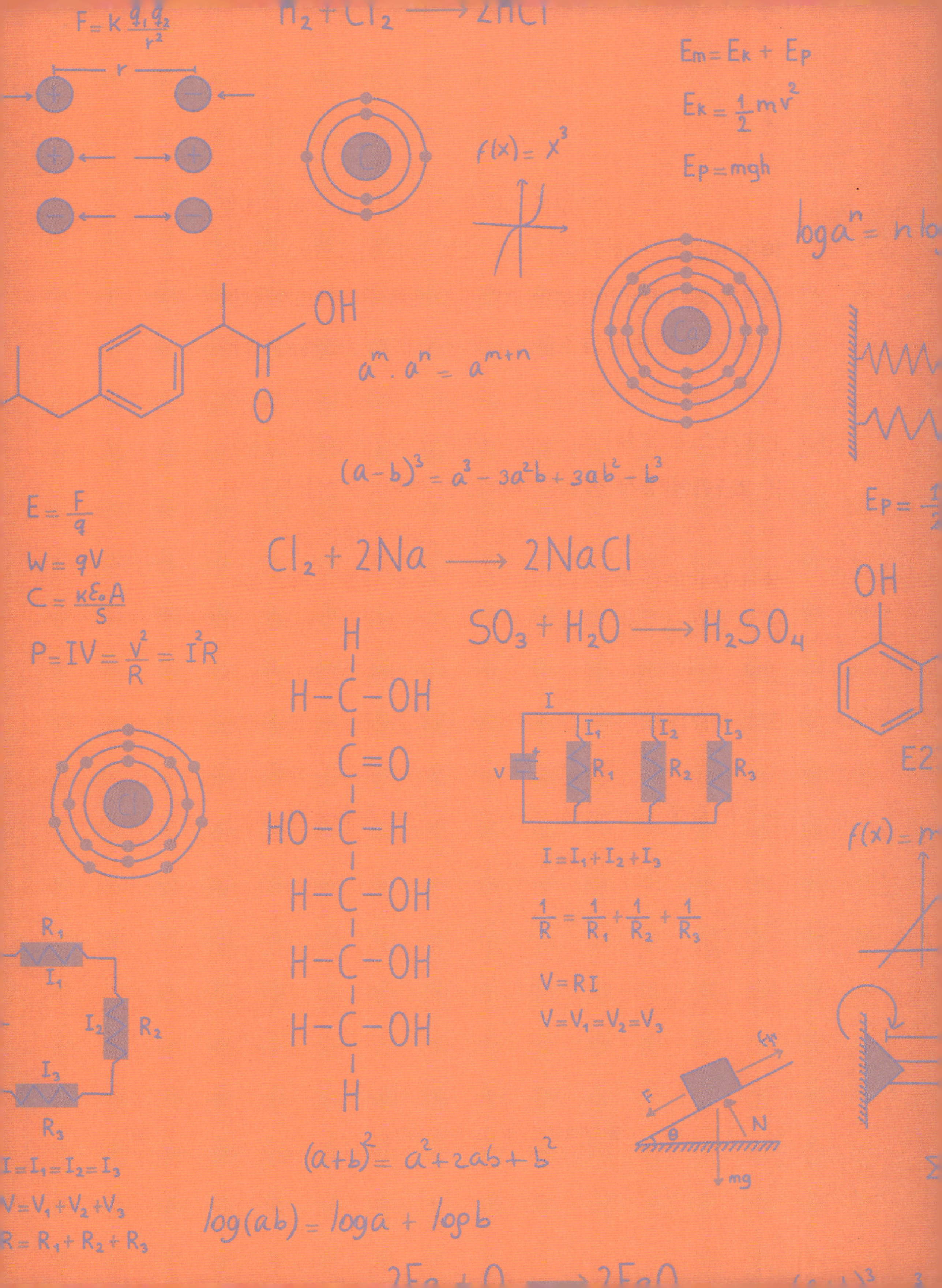

F = k q1q2 / r²
H2 + Cl2 → 2HCl
Em = Ek + Ep
Ek = ½mv²
Ep = mgh
f(x) = x³
logaⁿ = n log
OH
O
aᵐ · aⁿ = aᵐ⁺ⁿ
(a−b)³ = a³ − 3a²b + 3ab² − b³
E = F/q
W = qV
C = κε₀A/S
P = IV = V²/R = I²R
Cl2 + 2Na → 2NaCl
SO3 + H2O → H2SO4
H
H−C−OH
C=O
HO−C−H
H−C−OH
H−C−OH
H−C−OH
H
I
I1 I2 I3
V
R1 R2 R3
I = I1 + I2 + I3
1/R = 1/R1 + 1/R2 + 1/R3
V = RI
V = V1 = V2 = V3
R1
I1
I2 R2
I3
R3
I = I1 = I2 = I3
V = V1 + V2 + V3
R = R1 + R2 + R3
F
N
θ
mg
(a+b)² = a² + 2ab + b²
log(ab) = loga + logb

12장

희귀한 원소인 프랑슘을 발견한

마르그리트 페레

＊ 마르그리트 페레

프랑스의 물리학자

1909년 출생, 1975년 사망

프랑스 과학 아카데미 회원으로 선출된 최초의 여성

1939년, 프랑슘 원소 발견

Marguerite Perey

나의 사랑하는 제자, 마르그리트!
20살 때 우리 연구소에 면접을 보러 왔었지.
초롱초롱한 눈망울은 진리를 찾아 헤매는 듯했고,
총명한 머리는 내 비서 일을 하기엔 아까웠어.
그래서 너를 제자로 받아들여 함께 연구한 거야.
프랑슘을 발견한 것은 온전히 네가 이룬 성과야!

사진 1. 마르그리트 페레의 캐리커처.

아, 내 영원한 스승이신 마리 퀴리 선생님! 선생님 덕분에 하고 싶은 연구를 평생 마음껏 할 수 있었어요. 방사선 연구자로서, 방사선으로부터 안전을 지키는 방법도 연구했어야 하는데 아쉬움이 남아요.

의사가 되고 싶었지만, 화학 기술자가 되었어!

안녕! 난 마르그리트 페레야. 1909년 프랑스 파리 근교 빌몽블에서 태어났어. 난 의학을 공부해서 의사가 되고 싶었지만, 아버지가 일찍 돌아가시는 바람에 의사의 꿈을 접었어. 가족의 생계에 도움이 되어야 했거든.

난 파리 여자 기술 교육 학교에서 화학을 공부하고, 20살이 되던 해인 1929년에 학교를 졸업한 뒤, 화학 기술자로 일할 수 있는 자격을 취득했어.

화학을 공부할 때면 나는 정말 행복했어. 물질의 변화를 연구한다는 것이 얼마나 중요한 일인지도 알게 되었지. 그래서 나는 화학 전문 연구소에서 일하면 좋겠다고 생각했어. 내가 파리의 퀴리 라듐 연구소에서 면접을 본 것도 그런 이유였어. 물론 처음에는 마리 퀴리 선생님의 개인 비서로 채용되었지.

마리 퀴리 선생님 잘 알지? 폴란드에서 태어나 어려운 역경을 딛고 프랑스 최고의 과학자가 된 분이야. 여성이 사회에서 차별받던 시기였음에도, 당대 최고의 과학자들과 어깨를 나란히 했지. 새로운 원소를 발견하고 조국인 폴란드의 이름을 따 '폴로늄'이라고 이름 붙였잖아.

개인 비서로서 내가 하는 일은 마리 퀴리 선생님이 실험할 때 기술적인 일을 돕는 거였어. 예를 들어서 어떤 화학 물질이 필요할 때 그것을 준비해 놓는다거나, 실험 장치를 배치해 놓는 것이지.

나는 최선을 다했어. 대과학자의 실험을 돕는 일도 정말 멋지고 대단한 일이잖아? 곧 나의 성실함을 눈여겨본 마리

퀴리 선생님은 나를 제자로 받아들여 주었어. 세상에, 마리 퀴리 선생님의 제자가 되다니!

새로운 원소를 발견하고 조국의 이름을 붙였어!

마리 퀴리 선생님은 나에게 방사성 원소를 분리하고 정제하는 방법을 가르쳐 주었어. '정제'는 물질에 섞여 있는 불순물을 없애 순수한 물질을 얻는 방법이야. 이때 내가 관심을 두고 연구한 원소는 원자 번호 89번인 '악티늄'이었어.

사진 2. 마리 퀴리와 연구실의 모습.

내가 우라늄 광석에서 악티늄을 걸러내면, 선생님은 원소의 붕괴 현상을 연구하는 데 이 악티늄을 사용했지. 나는 선생님의 지도를 받으며 열심히 공부하고 연구했어. 그래서 결과적으로 방사선을 연구하는 훌륭한 화학자가 될 수 있었지.

선생님이 나를 제자로 받아들인 지 5년이 지난 1934년, 선생님은 백혈병으로 세상을 떠나고 말았어. 방사성 원소에 너무 오래 노출된 게 원인이었지.

너무 슬펐지만, 난 연구를 멈출 수 없었어. 10년에 걸쳐 악티늄을 정제하고 정제한 결과, 1939년 1월 9일 <악티늄에서 파생된 원자 번호 87번 원소에 대하여>라는 제목의 논문을 발표할 수 있었지. 이 원소가 바로 '프랑슘'이야.

마리 퀴리 선생님이 새로 발견한 원소에 조국인 폴란드의 이름을 붙였다고 했지? 그래서 나도 원자 번호 87번 원소에 내 조국 프랑스에서 따온 프랑슘이라는 이름을 붙인 거야. 프랑슘은 원소 주기율표에서 수소가 속해 있는 '1족 원소'야. 프랑슘은 지각에 약 550g밖에 존재하지 않는 가장 희귀한 원소지.

이런 업적이라면 나도 마리 퀴리 선생님처럼 노벨 화학상을 받을 만하지? 하지만 나는 1939년 당시 박사 학위도 없었고, 논문도 직접 발표하지 못했어. 노벨 물리학상 수상자이자 파리 대학교 교수였던 장 밥티스트 페랭이 나 대신 내 논문을 발표해 주었지. 그래서 나는 제대로 공부해 보기로 결심했어.

그리고 1946년, 드디어 프랑스 소르본 대학교에서 물리학 박사 학위를 받았어. 그 후 다시 퀴리 라듐 연구소로 돌아와 방사선 연구를 계속했지. 1949년에는 스트라스부르 대학교의 핵화학과 학과장이 되어 방사선 화학과 핵화학을 가르쳤고, 프랑슘에 관한 연구도 이어 나갔어.

나는 마리 퀴리 선생님이 백혈병이라는 암에 걸린 게 방사성 원소 때문이란 것을 누구보다 잘 알고 있었어. 그래서 늘 이렇게 주장했지.

"방사선 관련 연구를 하는 과학자들은 암에 걸릴 위험이 높습니다. 우리는 그들의 안전을 살피고 배려해야 합니다."

나는 내가 발견한 프랑슘이 암을 치료하는 데 도움이 되길 바랐어. 하지만 프랑슘은 오히려 암을 일으키는 물질이었지. 이런 원소를 오랫동안 연구한 탓에 나도 결국 암에 걸리고 말았어.

1975년 5월 13일은 내가 하늘에 계신 선생님과 만난 날이야.

사실 난 프랑슘 발견과 연구로 노벨 화학상 후보에 다섯 번이나 올랐어. 물론 한 번도 받지는 못했지. 학위도 없던 나에게 노벨상을 주기는 어려웠겠지. 그래도 꾸준히 후보에 오른 것만도 영광이야. 무엇보다 중요한 것은 내가 발견한 원소를 마리 퀴리 선생님께 바칠 수 있다는 거야.

"마리 퀴리 선생님! 저를 화학자로 키워 주셔서 감사합니다. 프랑슘을 선생님께 바칩니다!"

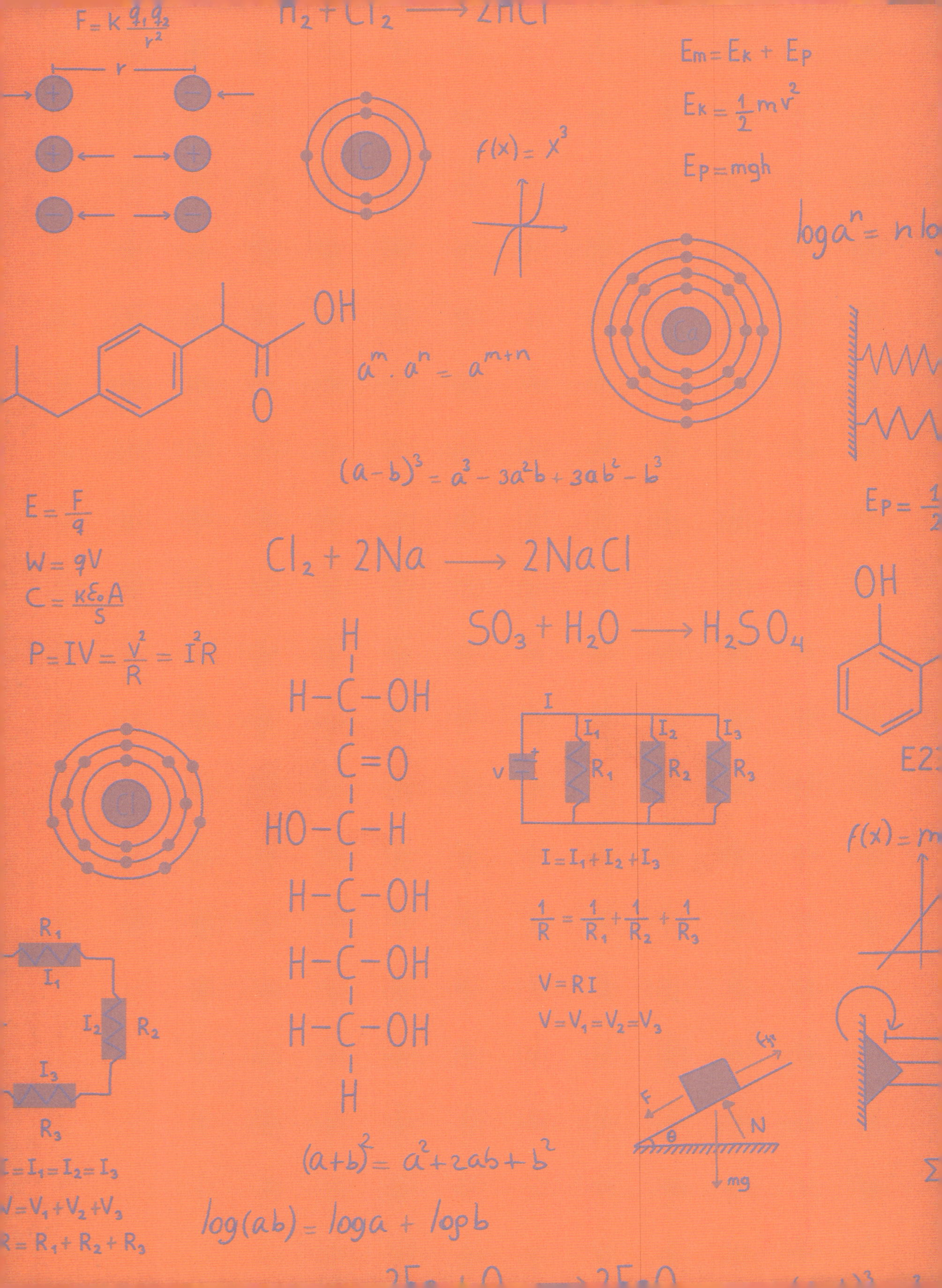

$F = k\frac{q_1 q_2}{r^2}$
$Em = E_K + E_P$
$E_K = \frac{1}{2}mv^2$
$E_P = mgh$
$f(x) = x^3$
OH
$a^m \cdot a^n = a^{m+n}$
O
$(a-b)^3 = a^3 - 3a^2b + 3ab^2 - b^3$
$E = \frac{F}{q}$
$W = qV$
$C = \frac{\kappa \varepsilon_0 A}{S}$
$P = IV = \frac{V^2}{R} = I^2R$
$Cl_2 + 2Na \longrightarrow 2NaCl$
$SO_3 + H_2O \longrightarrow H_2SO_4$
H
H–C–OH
C=O
HO–C–H
H–C–OH
H–C–OH
H–C–OH
H
I
I_1 I_2 I_3
V
R_1 R_2 R_3
$I = I_1 + I_2 + I_3$
$\frac{1}{R} = \frac{1}{R_1} + \frac{1}{R_2} + \frac{1}{R_3}$
$V = RI$
$V = V_1 = V_2 = V_3$
R_1 I_1 I_2 R_2 I_3 R_3
$I = I_1 = I_2 = I_3$
$V = V_1 + V_2 + V_3$
$R = R_1 + R_2 + R_3$
$(a+b)^2 = a^2 + 2ab + b^2$
$\log(ab) = \log a + \log b$
F
N
θ
mg

전자 문명 시대를 연 윌리엄 크룩스

＊ **윌리엄 크룩스**

영국의 화학자, 물리학자

1832년 출생, 1919년 사망

복사에너지의 크기를 측정하는 장치인 ‘복사계’ 발명

식량 위기를 경고하며 비료 개발을 촉구, 독일의 화학자 프리츠 하버 등이 질소 비료를 개발하는 데 도움을 줌

Sir William Crookes

"

회장님! 저는 독일의 화학자 프리츠 하버입니다.
회장님께서 영국과학진흥협회에서 하신 연설을
전해 듣고 깊이 감명받았습니다.
그래서 저는 공기 중의 질소를 이용해
암모니아를 합성하는 방법을 개발했습니다.
회장님 덕분에 제가 1918년 노벨 화학상을 받았습니다!

"

사진 1. 1903년, 윌리엄 크룩스의 캐리커처.

아, 프리츠 하버 박사! 먼저 노벨 화학상 수상을 축하하오. 내 말을 듣고 질소 비료를 연구해 결국 성공하다니 정말 기쁘오. 박사 덕분에 인류는 식량 위기에서 벗어날 수 있었소. 노벨 화학상으로도 부족하다고 생각하오.

어려서부터 화학 실험에 관심이 많았어!

안녕! 난 프리츠 하버 박사가 말한 윌리엄 크룩스야. 난 1832년 6월 17일 영국 런던에서 태어났어. 할아버지와 아버지는 런던에서 유명한 재단사였지. 아버지는 부동산 투자 전문가이기도 했어. 난 원하는 공부를 마음껏 하며 자랐지. 물론 아버지의 양복 사업은 동생들이 물려받았어.

난 어려서부터 과학 실험하는 것을 좋아했어. 특히 화학에 관심이 많았지. 그래서 16살이 되던 1848년에 왕립 화학 대학교에 입학했어. 지금 이 대학은 임페리얼 칼리지 런던이 되었지.

학교를 졸업한 뒤에도 계속해서 화학을 연구하고, 대학에서 강의도 했어. 아버지가 큰 재산을 물려주셔서, 1859년에는 《화학 뉴스》라는 과학 잡지도 발간했지. 연구도 중요하지만, 과학계의 소식을 알리고 과학자들과 교류할 수 있는 장을 만드는 것도 의미 있는 일이라고 생각했어.

나는 집에 나만의 연구소를 만들어 연구와 실험을 했어. 누구의 방해도 받지 않고 자유롭게 연구할 수 있어서 좋았지. 그렇게 열심히 연구한 결과, 1861년에 '탈륨'을 발견했어. 탈륨은 원자 번호 81번 원소로, 붕소와 비슷한 성질을 가진 원소야.

"제가 이번에 새로운 물질을 발견했습니다. 황산을 제조할 때 나오는 찌꺼기 성분을 분광기로 조사했는데, 이 물질에서 밝은 녹색 빛이 나왔습니다. 저는 이 물질이 새로운 원소임을 확신했습니다.

그리스어에 '탈로스'라는 단어가 있습니다. '어린 녹색 싹', '녹색 나뭇가지'라는 뜻입니다. 제가 발견한 원소에서 나온 빛이 탈로스의 녹색과 같다는 의미에서, 원소의 이름을 '탈륨'이라 정했습니다."

사진 2. 크룩스가 만든 실험용 진공관 '크룩스관'의 모습.

내가 발명한 '음극선관'이 전자 문명을 열었어!

나는 탈륨 연구를 계속 이어 갔고, 탈륨의 특성을 연구하고 원자량까지 알아냈어. 그랬더니 화학자들이 이를 높이 평가했고, 나는 이 발견으로 1863년에 런던 왕립학회 회원에 선출되는 영예를 맛보았지. 왕립학회는 세계 최고의 자연과학 학회니까 말이야.

나는 1869년부터 새로운 연구를 시작했어. 그것은 바로 '음극선'이야. 진공으로 만든 유리관 안에서 두 전극에 전류를 흐르게 하면 어떤 빛이 나오는데 이것을 음극선이라고 해. 1875년에 이런 음극선을 관찰할 수 있는 관을 내가 만든 거야. 그래서 내 이름을 따 '크룩스관'이라 불렀지. 음극선의 특징은 이랬어.

1. 음극선은 직선으로 이동한다.
2. 음극선은 열을 발생한다.
3. 음극선은 어떤 종류의 물질에 빛이나 방사선을 쪼였을 때 고유한 파장의 빛을 내는 '형광 작용'을 한다.

이 연구는 화학과 물리학 발전에 크게 기여했고, 현대의 전자 문명을 여는 데 밑거름이 되었지. 1897년에는 영국의 물리학자 조지프 톰슨이 음극선이 '전자의 흐름'이라는 사실을 밝혀냈어. 전자를 발견한 거지. 톰슨은 이 발견으로 1906년에 노벨 물리학상을 받았어.

나는 탈륨과 음극선관을 발명한 공로를 인정받아 기사 작위를 받았어. 그리고 다음 해인 1898년에는 영국 과학 진흥 협회 회장으로 선출되었지. 그래서 하버 박사가 나를 보고 회장님이라고 한 거야.

"1930년대가 되면 인류는 극심한 식량 위기에 처하게 될 것입니다. 인구는 엄청나게 늘어나는데, 천연 비료는 턱없이 부족할 겁니다. 풍족한 식량을 얻으려면 질소 비료가 필요합니다.
대기 중에는 엄청난 양의 질소가 있습니다. 화학자들은 대기 중의 질소를 이용해서 비료를 만드는 방법을 알아내야 합니다. 인류를 구해 주십시오!"

회장 취임 연설에서 내가 한 말이야. 이 말에 많은 화학자가 공감한 것 같아. 20세기가 되면서 화학자들이 열심히 연구한 끝에, 마침내 질소 비료가 탄생했지. 질소 비료 탄생의 주역이 바로 프리츠 하버였던 거야. 카를 보슈라고 하는 화학자도 함께 말이야. 프리츠 하버는 이 연구로 노벨 화학상을 받았고, 카를 보슈는 또 다른 연구인 화학적 고압 방법 개발로 노벨 화학상을 받았어.

이후 나는 1913년 영국 왕립학회 회장이 되었어. 대단한 영광이지? 역대 회장 중에는 아이작 뉴턴, 험프리 데이비, 윌리엄 켈빈 등이 있어. 조지프 톰슨이 나의 뒤를 이어 1915년에 회장이 되었고 말이야.

사진 3. 1885년, 왕립학회 회원들의 초상화(오른쪽 아래 첫 번째 인물이 윌리엄 크룩스).

과학자로서 하고 싶은 연구를 하고, 왕립학회 회장까지 지냈으니 여한이 없어. 1875년에 내가 크룩스관을 발명한 후, 1897년에 독일의 물리학자 카를 페르디난트 브라운이 전파를 영상으로 바꿀 수 있는 브라운관을 발명했지. 브라운은 1909년 이탈리아의 물리학자 굴리엘모 마르코니와 함께 노벨 물리학상을 받았어.

텔레비전의 발명이 '크룩스관-브라운관'으로 이어진 거지. 내가 만든 크룩스관이 텔레비전 시대를 열었고, 이것은 전자 문명의 시작이 되었어. 물론 지금의 텔레비전은 브라운관을 쓰지 않지만 말이야.

'크룩스관', 텔레비전의 시작?

크룩스관에 전류를 흐르게 하면 음극에서 전자가 나와 양극으로 이동해요. 이런 원리는 초기 텔레비전 디스플레이 기술인 브라운관의 개발에도 중요한 영향을 주었어요. 브라운관은 1897년 카를 페르디난트 브라운이 발명했어요.

탈륨과 크룩스관 발명이면 노벨 화학상이나 물리학상을 받을 만하지? 그런데 노벨상은 운도 따라 줘야 하는 것 같아. 그리고 내가 노벨상을 받지 못한 또 다른 이유는 아마도 심령 현상에 관심을 가지고 연구했기 때문일 거야.

나는 심령 현상도 과학적으로 연구할 수 있다고 믿었어. 당대 최고의 과학자인 내가 미신이나 다름없는 심령 현상을 연구하다니, 노벨 위원회 위원들이 그런 나에게 노벨상을 주기는 쉽지 않았을 거야. 심령 현상은 합리성, 논리성, 이성을 중시하는 과학과는 정반대에 있으니까 말이야.

왕립학회 선배 회장이자 인류 최고의 과학자 아이작 뉴턴도 연금술을 연구했다고 하잖아. 과학자는 뭐든 호기심이 생기면 과학적으로 연구하고 분석할 필요가 있다고 생각해. 심령 현상에 심취한 것도 그런 이유였다고나 할까.

누가 뭐래도 나는 호기심을 해결하려고 노력했어. 호기심은 과학을 발전시키는 원동력이거든. 프리츠 하버 박사가 내 말을 듣고 질소 비료를 개발한 것도 바로 그런 이유 아닐까.

"프리츠 하버 박사! 질소 비료는 인류 최고의 발명품이오!"

14장

가이아 이론을 창시한 제임스 러브록

＊ 제임스 러브록

영국의 화학자, 의학자, 생물 물리학자
1919년 출생, 2022년 사망
가이아 이론의 창시자
미국 항공 우주국 등에서 달과 화성 탐사 프로젝트 등에 참여

James Ephraim Lovelock

“

난 가이아야. ‘대지의 여신’이라고 부르지.
나는 대지의 여신답게 세상에 존재하는 모든 생명체를
만들어 냈어. 지구라는 땅덩어리 자체도 말이야!
세상 사람들에게 다시 한번 내 이름을 알려 준
제임스 러브록, 정말 고마워!

”

사진 1. 2005년, 제임스 러브록.

"오, 대지의 여신님!"

나는 지구 외의 행성에 생명체가 살고 있는지 연구하면서 '가이아 이론'을 만들었어.

그 이름을 붙일 때 대지의 여신 '가이아'가 떠오른 거야. 왜냐하면 지구 자체가 살아 숨 쉬는 하나의 생명체로 느껴졌기 때문이야.

사진 2. 1875년, 상상으로 그린 가이아 여신의 모습.

낮엔 일하고 밤엔 화학을 공부했어!

안녕! 난 1919년 7월 26일, 영국 하트퍼드셔주 레치워스에서 태어났어. 집안 형편이 넉넉하지 못해서 낮에는 사진 회사에서 일하고, 밤에는 대학을 다녔어.

본격적으로 화학을 공부하고 싶었던 나는 맨체스터 대학교에 들어가 알렉산더 토드 교수님에게 화학을 배우며 연구했어. 토드 교수님은 뉴클레오타이드를 연구해서 1957년 노벨 화학상을 받은 생화학자야. 뉴클레오타이드는 생명체에 필수적인 분자거든. 그때부터 나도 생명체에 관심이 많아졌어.

토드 교수님은 나를 의학 연구 위원회에 추천해 주었고, 나는 병사들을 화상으로부터 보호하는 방법을 연구했어. 1948년에는 런던 위생 및 열대 의학 학교에서 박사 학위를 받았는데, 학위 주제는 소독 또는 살균 화학이었어.

졸업한 후 런던에 있는 국립 의학 연구소에서 일하면서, 미국의 예일 대학교, 베일러 의과대학교, 하버드 대학교 의과대학과도 공동으로 많은 연구를 했어. 이때 내가 한 주요 연구는 냉동 보존 실험이었는데, 냉동시킨 햄스터를 되살려 내는 데 성공하기도 했어. 이런 나의 연구는 극저온

상태에서 생명체를 보관하는 방법을 연구하는 데 큰 영향을 주었지.

나는 화학으로 박사 학위를 받고 연구 생활을 했지만, 평생을 발명가로도 살았어. 뭔가를 새로 만드는 일이 나를 항상 설레게 했지. 그래서 나는 정말 많은 과학 기구를 만들었어. 그중 하나가 '전자 포획 탐지기'야.

사진 3. 전자 포획 탐지기.

이 탐지기로 '염화 플루오린화 탄소'가 대기 중에 넓게 퍼져 있다는 사실을 처음으로 확인할 수 있었어. 이것은 오존층의 파괴와 연관된 것이었지.

이 연구 결과를 프랭크 롤랜드, 파울 크뤼천, 마리오 몰리나가 더욱 발전시켰어. 그들은 대기 중에 퍼져 있는 염화 플루오린화 탄소가 햇빛을 받아 분해되면서 지구 상공의 오존층이 파괴된다는 연구 결과를 발표한 거야. 이들은 1995년에 공동으로 노벨 화학상을 수상했어.

지구가 마치 살아 있는 생명체 같았어!

발명에 관심이 많았던 나는 미국 항공 우주국(NASA)의 행성 탐사 프로젝트를 설계하는 데도 참여했어. 예를 들어 화성과 같은 지구 밖 행성의 대기와 표면 성분을 분석하기 위한 기기나 장치를 개발하는 연구를 한 거지. 이런 연구는 지구 이외의 행성에 생명체가 살고 있는지를 탐사하는 프로젝트였어.

내 '가이아 이론'이 서서히 모습을 드러내기 시작한 것이 이즈음이었지. 가이아 이론은 지구가 하나의 생명체처럼 연결돼 있다는 이론이야.

지구에 사는 인간과 동물, 식물 같은 생명체, 흙과 물과 바람 같은 무생물들이 서로 어우러져서 복잡하게 상호작용한다는 게 가이아 이론인 거지. 잘 알고 있는 것처럼, 가이아는 그리스·로마 신화에 나오는 대지의 여신이야.

가이아 이론에 대해 기자들이 묻기에 난 이렇게 대답했지.

"지구가 끝없이 뜨거워지지도 않고, 마냥 차가워지지도 않는 이유는, 지구에 존재하는 모든 생명체와 무생물이 어우러지면서 복잡하게 상호작용하기 때문입니다."

가이아 이론은 한마디로 지구가 자기 조절 능력을 이용

해서 '항상성'을 유지한다는 말이야. 항상성이란 어떤 외부의 자극에도 생명 현상이 제대로 일어날 수 있도록 일정한 상태를 유지하려는 성질을 말해.

이 가이아 이론을 환경 운동가들이 아주 반갑게 받아들였지. 하지만 일반 과학자들은 그렇지 않았어.

"실험으로 확인되지 않은 이론입니다."

"한마디로 무책임한 이론 아닙니까?"

"어디서 말도 안 되는 소리를 하고 그래!"

과학자들의 극렬한 반대에도 불구하고, 가이아 이론은 산업화가 더욱 거세지면서 점점 더 많이 알려지게 되었어. 지구온난화가 심해지고, 바닷물이 비정상적으로 뜨거워지거나 차가워지는 '엘니뇨'와 '라니냐' 등으로 지구 환경 변화가 더욱 격렬해지면서, 가이아 이론은 점점 더 힘을 얻게 되었지. 내가 창시한 가이아 이론이 말하는 건 결국 이거야.

"해가 갈수록 자연재해가 자주 일어나고 점점 더 심해지고 있습니다. 이는 우리 인간이 지구를 파괴하고

있기 때문입니다.

더욱 빈번해지고 격렬해지는 자연재해는 지구를

파괴하고 있는 인간에 대한 지구의 복수입니다."

난 오존층 파괴 문제와 가이아 이론 창시 등의 업적을 인정받아 1974년에 영국 왕립학회 회원으로 선출되었어. 또 1986년부터 1990년까지 영국 해양 생물학회의 회장도 맡았지.

내가 만약 염화 플루오린화 탄소와 오존층 파괴 사이의 관계를 계속 연구했더라면 노벨 화학상을 받았을 거야. 내 강연을 듣고 연구를 시작한 프랭크 롤런드 등이 1995년에 노벨 화학상을 받았으니까 말이야.

내 대표적 이론인 가이아 이론은 실험으로 입증되지는 않았어. 이론을 반박하는 과학자들도 있었고. 아마도 그래서 노벨 위원회도 나에게 상을 줄 수는 없었을 거야.

그래도 난 행복해. 103살까지 살면서 하고 싶은 연구와 발명을 맘껏 했거든. 대영 제국 훈장도 받았고 말이야. 사람들이 나를 독립 과학자, 환경 운동가, 미래학자 등으로 불러 주는 것만으로도 감사해. 가장 중요한 것은 지구상의 모든 생명체와 무생물이 어우러져 살아야 한다는 거야. 모두에게 이렇게 말하고 싶어.

"가이아 여신을 더 이상 아프게 하지 맙시다!"

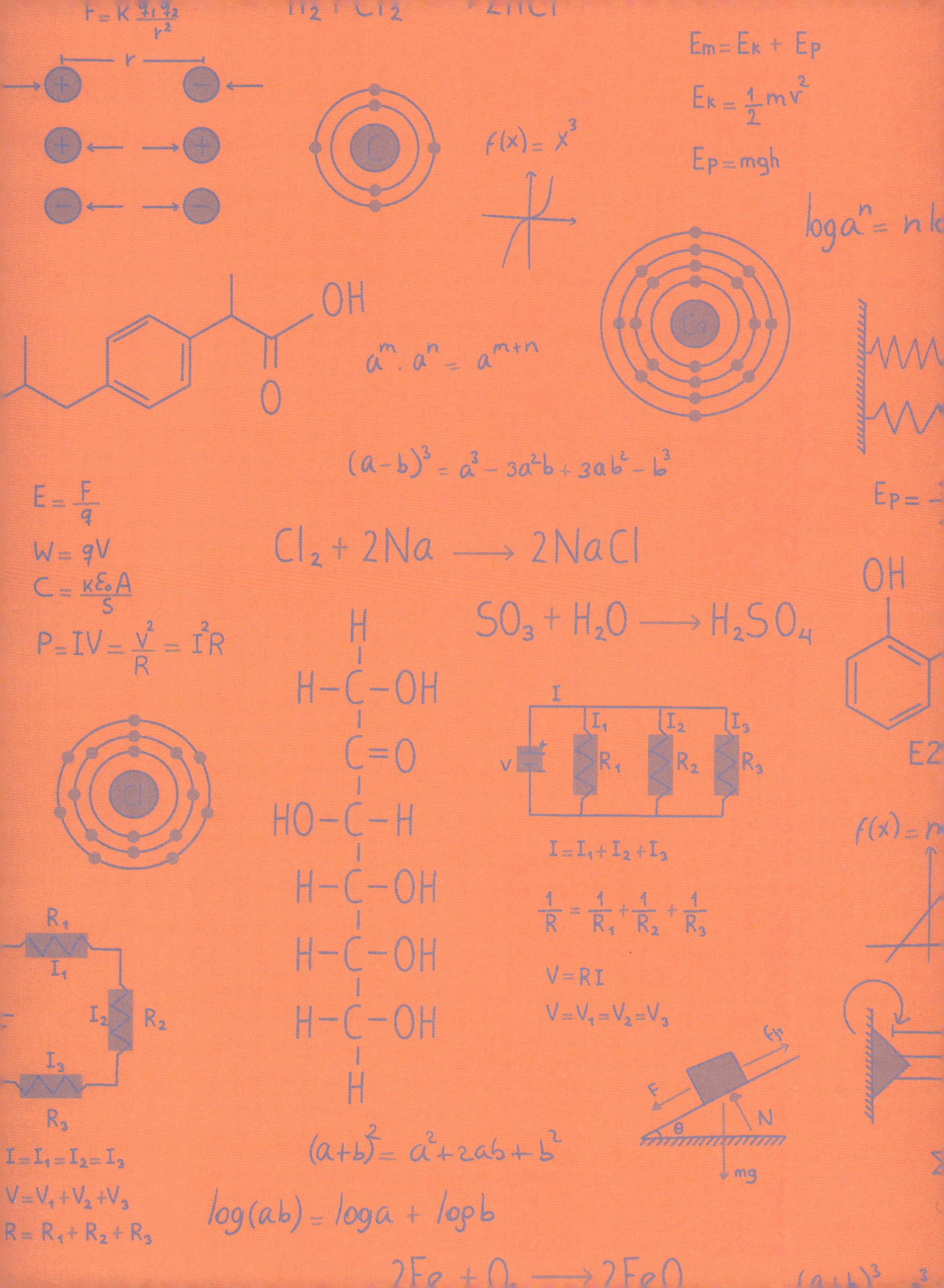

Em = Eк + Ep
Eк = 1/2 mv²
Ep = mgh
f(x) = x³
OH
O
C
Ca
Cl
aᵐ · aⁿ = aᵐ⁺ⁿ
(a−b)³ = a³ − 3a²b + 3ab² − b³
E = F/q
W = qV
C = κε₀A/S
P = IV = V²/R = I²R
Cl₂ + 2Na ⟶ 2NaCl
SO₃ + H₂O ⟶ H₂SO₄
H
H−C−OH
C=O
HO−C−H
H−C−OH
H−C−OH
H−C−OH
H
I
I₁
I₂
I₃
V
R₁
R₂
R₃
I = I₁ + I₂ + I₃
1/R = 1/R₁ + 1/R₂ + 1/R₃
V = RI
V = V₁ = V₂ = V₃
F
N
θ
mg
I = I₁ = I₂ = I₃
V = V₁ + V₂ + V₃
R = R₁ + R₂ + R₃
(a+b)² = a² + 2ab + b²
log(ab) = loga + logb

15장

새들이 울지 않는 이유를 알린

레이첼 카슨

*** 레이첼 카슨**

미국의 해양 생물학자, 작가, 환경 운동가
1907년 출생, 1964년 사망
DDT 사용 금지 운동 등으로 미국 환경 보호국 설립에 기여
1962년에 출판한 『침묵의 봄』으로 전 세계에 살충제 남용의 위험을 널리 알림

Rachel Louise Carson

안녕, 나는 DDT를 이용해 얻을 수 있는
효과를 발견해 노벨 생리의학상을 받은 파울 뮐러야.
DDT는 모기, 이, 벼룩 같은 질병 매개 곤충을
없앨 수 있어서 제2차 세계대전 중에 수백만 명을 살렸어.
하지만 이런 약은 레이첼 카슨이 경고한 것처럼
어디에, 어떻게 쓰느냐가 중요해!

사진 1. 레이첼 카슨.

파울 뮐러의 말이 맞아. DDT는 위험한 물질이지만, 잘 사용하면 해충을 퇴치하는 데 유용하지. 과다하게 사용하는 것이 문제야. 그런데 DDT가 뭐냐고? 이제부터 내 얘기를 잘 들어 봐.

문학을 좋아했지만, 전공을 생물학으로 바꿨어!

안녕! 난 파울 뮐러가 말한 레이첼 카슨이야. 1907년 5월 27일, 미국 펜실베이니아주 스프링데일에서 태어났지. 아버지는 회사원이었지만, 우리 집에는 작은 농장이 있었어. 어릴 적부터 책 읽는 것을 너무 좋아했는데, 특히 농장에서 어머니가 책을 읽어 주던 때가 지금도 생생해.

나는 농장 주변을 탐사하면서 시간 가는 줄 몰랐어. 8살 때부터 동물에 관한 글도 쓰기 시작했지. 잡지에 글을 보내 용돈도 벌었으니, 내가 글 쓰는 것을 얼마나 좋아했는지 알겠지?

10살 때는 내가 쓴 글이 책으로도 나왔어. 그리고 바다와 관련된 소설을 많이 읽으며 자랐지. 그래서 펜실베이니아 여자 대학(현재 채텀 대학교)에 들어가 영문학을 전공했어. 하지만 자연에도 관심이 많았던 나는 문학에서 생물학으로 전공을 바꾸었지. 그중에서도 내가 주로 공부한 분야는 동물학이었어.

나는 계속 공부를 하고 싶었어. 그런데 아버지가 돌아가시고 가정 형편이 어려워졌지. 그래서 난 존스 홉킨스 대학교에서 해양 생물학으로 석사 학위를 받은 뒤 잡지에 자연사에 관한 글을 기고했어.

나는 어머니를 편히 모시기 위해 1935년, 당시 '미국 수산국'에 취직했어. 내가 좋아하는 바다 동물을 공부하면서 해양 생물학자로 경력을 쌓아 갈 수 있어 좋았지. 난 연구와 글쓰기를 함께하며 1941년 『바닷바람을 맞으며』라는 책을 썼고, 1951년에는 『우리를 둘러싼 바다』라는 책을 썼어. 이

책들이 내 인생을 바꿨지.

책이 베스트셀러가 되면서 나는 재능 있는 유망한 작가로 인정받게 되었어. 어릴 때부터 글을 쓴 게 도움이 된 거야. 이제 더 이상 경제적으로도 어렵지 않았지.

봄이 되었는데 새가 울지 않아!

나는 1952년에 수산국을 그만두고, 어릴 적 꿈이었던 글 쓰는 삶을 살기로 했어. 그리고 1955년에 또 한 권의 책을 냈지. 『바다의 가장자리』라는 책인데, 이로써 나의 '바다 3부작'이 완성되었어.

이 바다 3부작은 해안에서부터 바다 깊은 곳까지 서식하는 해양 생물을 다룬 책이야. 해양 보존의 중요성을 일깨워 준 의미 있는 책이었지.

난 바다 생물에 관심을 기울이며 탐구하는 과정에서 이상한 현상들을 목격하게 되었어. 철새들이 날다가 떨어져 죽기도 하고, 때가 되었는데도 돌아오는 철새가 줄어든 거야.

이때부터 나는 합성 살충제와 관련한 문제에 관심을 기울이기 시작했어. 대표적인 살충제가 바로 DDT였어. DDT

는 한마디로 말하면 곤충을 죽이는 약이야.

DDT는 1874년 오스트리아의 화학자 오트마 자이들러가 처음으로 합성한 물질이야. 1939년에 스위스의 화학자 파울 뮐러는 이 물질이 말라리아, 황열병과 같은 질병을 일으키는 곤충을 죽이는 효과가 있다는 것을 밝혀냈지. 그래서 뮐러가 1948년에 노벨 생리의학상을 받은 거야.

DDT의 효과가 알려지자 화학 회사들은 앞다투어 DDT

사진 2. 1945년, 제2차 세계대전 당시 말라리아 퇴치를 위해 이탈리아 주택 내부에 DDT를 살포하는 모습.

를 만들어 내기 시작했어. 해충도 죽이고, 몸에 이도 죽이는 만병통치약으로 전 세계에 팔려 나갔지. 실제로 전쟁에서 수백만 명을 살린 일등 공신이기도 했어. 사람들은 점차 DDT를 무분별하게 사용하기 시작했고, 위험성을 따지려고 하지도 않았지.

내가 DDT의 위험성을 경고했을 때도 화학 회사들이 격렬하게 반대하고 나섰어. 나는 DDT의 피해를 자세하게 조사하며 자료를 수집했지. 이렇게 해서 1962년에 출판된 책이 바로『침묵의 봄』이야.

이 책은 출간 즉시 세계적인 베스트셀러가 되었고, 내가 환경 운동을 시작하는 계기가 되었어. 이 책 때문에 미국 정부가 환경 보호국을 만들 정도였다니까. 나는 이런 업적을 인정받아서 자유 훈장을 받았어. 물론 내가 죽고 난 1980년의 일이지만 말이야.

나는 책과 연설을 통해 내 생각을 전하고자 했어.

"자연은 그 자체로 가치 있습니다. 자연은 우리에게 모든 것을 줍니다."

"환경을 보호하는 것은 단순한 선택이 아니라,

생존을 위한 필수적인 요구입니다."

『침묵의 봄』이 출간된 이후 나는 사람들에게 생태주의자이자 환경 보호주의자로 알려지게 되었어. 물론 내가 쓴 책들은 모두 환경 운동에 엄청난 영향을 주었지. 그중에서도 『침묵의 봄』은 1960년대에 일어나기 시작한 환경 운동의 중심이 되어 절대적인 영향력을 행사했어.

『침묵의 봄』은 DDT와 같은 살충제가 환경에 미치는 나

사진 3. 레이첼 카슨의 책 『침묵의 봄』에 등장하는 'DDT 사용과 새의 감소' 관련 내용을 채텀 대학교 학생들이 재현한 작품.

쁜 영향을 대중에게 알렸어. 나는 과학적 지식을 일반인에게 쉽게 전달하는 능력을 발휘해 DDT 사용의 해로움을 집중적으로 설명했지.

나의 노력으로 미국을 비롯한 많은 나라가 DDT 사용을 금지하는 캠페인을 시작했고, 특히 미국에서는 비상 상황을 제외하곤 DDT 사용을 중단하게 하는 데 성공했어.

DDT 같은 살충제는 화학 물질이야. 화학 물질을 연구한

화학자에게 노벨 화학상을 수여하는 것은 당연해. 여러 화학자가 노벨 화학상을 받았으니까. 하지만 화학 물질로 인해 일어나는 환경 문제를 제기한 사람에게는 노벨 화학상이 돌아간 적이 없어. 물론 나도 노벨상은 받지 못했고 말이야. 하지만 내가 바라는 건 노벨상이 아니야. 난 철새들에게 이야기하고 싶어.

"철새들아! 이제 마음 편히 돌아와.

그리고 즐겁게 노래해 줘!"

: : 이미지 출처

1장 주기율표에 세상을 담은 드미트리 멘델레예프

사진 1. 드미트리 멘델레예프의 초상화.

출처 https://www.flickr.com/photos/193673378@N02/51374360512/

저작자 https://pixel17.com, CC BY-SA 2.0, via Wikimedia Commons

사진 2. 멘델레예프가 쓴 주기율표 원본 중 하나.

출처 위키피디아

저작자 Aljuh, CC BY-SA 4.0, via Wikimedia Commons

사진 3. 멘델레예프의 빈칸이 있는 주기율표.

출처 위키피디아

저작자 NikNaks, Public domain, via Wikimedia Commons

2장 나일론을 발명한 월리스 캐러더스

사진 1. 연구실에서 포즈를 취하는 월리스 캐러더스.

출처 http://listverse.com/2007/10/07/top-10-scientists-who-committed-suicide/

저작자 Unknown photographer, Public domain, via Wikimedia Commons

사진 2. 탄력이 좋고 가벼운 네오프렌 소재로 만들어진 스쿠버다이빙 옷.

출처 https://channelislands.noaa.gov/

저작자 NOAA

사진 3. 초창기 나일론의 용도로 가장 유명했던 여자들의 스타킹.

출처 Collection of Auckland Museum Tamaki Paenga Hira, 1999.154.40

저작자 Auckland Museum, CC BY 4.0, via Wikimedia Commons

3장 엇갈린 운명의 주인공 토머스 미즐리

사진 1. 토머스 미즐리.

출처 Early 20th century picture

저작자 Unknown author, Public domain, via Wikimedia Commons

사진 2. 프레온 가스가 들어 있는 큰 통들.

출처 December 2, 2012-Colorful Freon tanks, ready for recycling.

저작자 USEPA Environmental-Protection-Agency, Public domain, via Wikimedia Commons

사진 3. 미래의 오존층 예측.

출처 http://earthobservatory.nasa.gov/images/imagerecords/38000/38685/ozone_wa_midlat.jpg

저작자 NASA, Public domain, via Wikimedia Commons

4장 마지막 원소를 발견한 이다 노다크

사진 1. 1940년경, 이다 노다크.
출처 privates Familienalbum
저작자 Dome_de, CC BY-SA 3.0, via Wikimedia Commons
사진 2. 원소의 주기율표.
출처 위키피디아
저작자 Sandbh, CC BY-SA 4.0, via Wikimedia Commons
사진 3. 실험실에서 연구 중인 마리 퀴리와 피에르 퀴리 부부.
출처 Welt im Umbruch 1900-1914, Verlag Das Beste, Stuttgart 1999, ISBN 3870708379
저작자 Unknown author, Public domain, via Wikimedia Commons

5장 DNA 이중나선 구조를 밝힌 로절린드 프랭클린

사진 1. 1955년, 로절린드 프랭클린.
출처 From the personal collection of Jenifer Glynn
저작자 MRC Laboratory of Molecular Biology, CC BY-SA 4.0, via Wikimedia Commons
사진 2. X선으로 찍은 사람의 몸.
출처 위키피디아
저작자 Mahdi2ha, CC BY-SA 4.0, via Wikimedia Commons
사진 3. 킹스 칼리지 런던의 프랭클린-윌킨스 빌딩 정면에 전시된 '로절린드 프랭클린과 DNA X선 회절 사진'에 관한 이야기(오른쪽 박스 안에 있는 51번 사진).
출처 Geograph Britain and Ireland
저작자 Dr Rosalind Franklin and Photo 51 by Robin Stott, CC BY-SA 2.0, via Wikimedia Commons

6장 코발트와 니켈의 순서를 바로잡은 헨리 모즐리

사진 1. 1914년, 헨리 모즐리.
출처 https://ru.wikipedia.org/wiki/%D0%A4%D0%B0%D0%B9%D0%BB:Moseley_henry.jpg
저작자 AIP Emilio Segre Visual Archives, W. F. Meggers Gallery of Nobel Laureates, Public domain, via Wikimedia Commons
사진 2. 멘델레예프의 주기율표.
출처 위키피디아
저작자 NikNaks, Public domain, via Wikimedia Commons

7장 수소폭탄의 아버지 에드워드 텔러

사진 1. 노년의 에드워드 텔러.
출처 http://www.llnl.gov/pao/news/teller_edward/teller_edward/teller_photos/teller_

photos1.html
저작자 Public domain, via Wikimedia Commons
사진 2. 텔러의 스승이었던 베르너 하이젠베르크(왼쪽)와 닐스 보어.
출처 https://www.flickr.com/photos/193673378@N02/51376340345/
저작자 https://pixel17.com, CC BY-SA 2.0, via Wikimedia Commons
사진 3. 세계 최초로 만들어진 수소폭탄 '아이비 마이크'의 폭발 실험 장면.
출처 https://arcweb.archives.gov/arc/digital_detail.jsp?&pg=68&rn=68&tn=558578&st=b&rp=details&nh=120
저작자 Unknown author, Public domain, via Wikimedia Commons

8장 세상을 오래 밝힌 토머스 에디슨

사진 1. 1915년, 토머스 에디슨.
출처 "Edison" ЖЗЛ book, Moscow, 1958 photo by Vizu
저작자 Unknown author, Public domain, via Wikimedia Commons
사진 2. 탄소 필라멘트로 오래 빛을 발하는 백열전구를 만든 에디슨이 낸 특허.
출처 Edited version of Image:Light bulb Edison.jpg.
저작자 Thomas Edison (reprinted by the Norris Peters Co.), Public domain, via Wikimedia Commons
사진 3. 1910년, 뉴욕의 한 유명 신문에 실린 에디슨의 캐리커처.
출처 Electrical Experimenter, Vol. V, No. 10 (58), p. 674
저작자 Giovanni Viafora, Public domain, via Wikimedia Commons

9장 최초로 핵분열을 발견한 리제 마이트너

사진 1. 1906년, 리제 마이트너.
출처 en:Image:Lise_Meitner_1900.jpg
저작자 Unknown author, Public domain, via Wikimedia Commons
사진 2. 1920년, 베를린의 물리학자들과 화학자들. 소파에 앉아 있는 리제 마이트너(오른쪽), 왼쪽 끝에 서 있는 아인슈타인, 오른쪽 끝에 앉아 있는 오토 한의 모습.
출처 미상
저작자 Unknown author, Public domain, via Wikimedia Commons
사진 3. 독일 베를린 알테스 박물관에 놓인 '$E=mc^2$' 조형물.
출처 위키피디아
저작자 Lienhard Schulz, CC BY-SA 3.0, via Wikimedia Commons

10장 생명의 기원을 파헤친 알렉산드르 오파린

사진 1. 1970년대, 알렉산드르 오파린.
출처 Russian Academy of Sciences

저작자 Unknown author, CC BY 4.0, via Wikimedia Commons
사진 2. 밀러-유리 실험.
출처 위키피디아
저작자 KuriPop, CC BY-SA 3.0, via Wikimedia Commons

11장 가장 많은 원소를 발견한 앨버트 기오소

사진 1. 1970년경, 앨버트 기오소.
출처 Lawrence Berkeley Laboratory
저작자 Unknown author, Public domain, via Wikimedia Commons
사진 2, 주기율표.
출처 위키피디아
저작자 Sandbh, CC BY-SA 4.0, via Wikimedia Commons

12장 희귀한 원소인 프랑슘을 발견한 마르그리트 페레

사진 1. 마르그리트 페레의 캐리커처.
출처 위키피디아
저작자 Waltercolor, CC BY-SA 4.0, via Wikimedia Commons
사진 2. 마리 퀴리와 연구실의 모습.
출처 위키피디아
저작자 Public domain, CC BY-SA 4.0, via Wikimedia Commons

13장 전자 문명 시대를 연 윌리엄 크룩스

사진 1. 1903년, 윌리엄 크룩스의 캐리커처.
출처 Published in "Vanity Fair", 21 May 1903
저작자 Leslie Ward, Public domain, via Wikimedia Commons
사진 2. 크룩스가 만든 실험용 진공관 '크룩스관'의 모습.
출처 위키피디아
저작자 Lamiot, CC BY-SA 4.0, via Wikimedia Commons
사진 3. 1885년, 왕립학회 회원들의 초상화(오른쪽 아래 첫 번째 인물이 윌리엄 크룩스).
출처 https://wellcomeimages.org/indexplus/obf_images/56/3d/e9b62fc537d93d6c26b04836cb55.jpg
저작자 CC BY 4.0, via Wikimedia Commons

14장 가이아 이론을 창시한 제임스 러브록

사진 1. 2005년, 제임스 러브록.
출처 en.wikipedia
저작자 Bruno Comby., CC BY-SA 1.0, via Wikimedia Commons

사진 2. 1875년, 상상으로 그린 가이아 여신의 모습.
출처 http://www.bildindex.de/obj19070503.html
저작자 Anselm Feuerbach, Public domain, via Wikimedia Commons
사진 3. 전자 포획 탐지기.
출처 Electron capture detector for gas chromatograph
저작자 Science Museum London / Science and Society Picture Library, CC BY-SA 2.0, via Wikimedia Commons

15장 새들이 울지 않는 이유를 알린 레이첼 카슨

사진 1. 레이첼 카슨.
출처 lb.wikipedia
저작자 Cornischong., Public domain, via Wikimedia Commons
사진 2. 1945년, 제2차 세계대전 당시 말라리아 퇴치를 위해 이탈리아 주택 내부에 DDT를 살포하는 모습.
출처 https://www.flickr.com/photos/medicalmuseum/3300144618/in/photostream/
저작자 Otis Historical Archives of "National Museum of Health & Medicine" (OTIS Archive 1), CC BY 2.0, via Wikimedia Commons
사진 3. 레이첼 카슨의 책『침묵의 봄』에 등장하는 'DDT 사용과 새의 감소' 관련 내용을 채텀 대학교 학생들이 재현한 작품.
출처 Silent Spring 1
저작자 90.5 WESA, CC BY-SA 2.0, via Wikimedia Commons

: : 참고 도서 및 자료

『가이아』, 제임스 러브록 지음, 홍욱희 옮김, 갈라파고스, 2023년.
『가이아의 복수』, 제임스 러브록 지음, 이한음 옮김, 세종서적, 2008년.
『과학사의 이해』, 임경순 지음, 다산출판사, 2015년.
『노벨상을 꿈꿔라 1~9』, 이충환 등저, 동아엠앤비, 2016~2024년.
『니콜라 테슬라』, 세르죠 로시 지음, 박종순 옮김, BH balance & harmony, 2020년.
『당신에게 노벨상을 수여합니다(노벨 화학상)』, 노벨재단 엮음, 우경자·이연희 옮김, 바다출판사, 2024년.
『레이첼 카슨 평전』, 린다 리어 지음, 김홍옥 옮김, 샨티, 2004년.
『로잘린드 프랭클린과 DNA』, 브렌다 매독스 지음, 나도선 외 옮김, 양문, 2004년.
『리제 마이트너』, 시모나 체라토 지음, 이승수 옮김, 비룡소, 2011년.
『리제 마이트너』, 샤를로테 케르너 지음, 이필렬 옮김, 양문, 2009년.
『멘델레예프』, 마까레냐·르이세프 지음, 양정성 외 옮김, 전파과학사, 2016년.
『멘델레예프의 꿈』, 폴 스트레턴 지음, 예병일 옮김, 몸과마음, 2003년.
『무기가 바꾼 세계사』, 버나드 브로디·폰 브로디 지음, 김승규 옮김, 양문출판사, 2023년.
『바다의 가장자리』, 레이첼 카슨 지음, 김홍옥 옮김, 에코리브르, 2018년.
『바닷바람을 맞으며』, 레이첼 카슨 지음, 김은령 옮김, 에코리브르, 2017년.
『분자생물학』, Robert F. Weaver 지음, 최준호 외 옮김, 라이프사이언스, 2013년.
『빛의 제국』, 질 존스 지음, 이충환 옮김, 양문, 2006년.
『사라진 스푼』, 샘 킨 지음, 이충호 옮김, 해나무, 2011년.
『사이언티스트 100』, 좀 시몬스 지음, 여을환 옮김, 세종서적, 1997년.
『생명의 기원』, A.I.오파린 지음, 양동춘 옮김, 한마당, 1990년.
『세상의 모든 원소 118』, 시어도어 그레이 지음, 꿈꾸는 과학 옮김, 영림카디널, 2023년.
『수소로 읽는 현대과학사』, 존 S. 리그던 지음, 박병철 옮김, 알마, 2007년.
『수소 폭탄 만들기』, 리처드 로즈 지음, 정병선 옮김, 사이언스북스, 2016년.
『에디슨의 두 개의 책상 발명과 경영』, 블레인 매코믹 지음, 남기만 옮김, 이지북, 2002년.
『역사를 바꾼 17가지 화학이야기1』, 페니 르 쿠터·제이 버레슨 지음, 곽주영 옮김, 사이언스북스, 2014년.
『완전 도해 주기율표』, 일본뉴스프레스 지음, 아이뉴턴(뉴턴코리아), 2017년.
『우리를 둘러싼 바다』, 레이첼 카슨 지음, 김홍옥 옮김, 에코리브르, 2018년.
『위대한 발명과 에디슨』, 진 아데어 지음, 장석봉 옮김, 바다출판사, 2002년.
『원소의 세계사』, 휴 앨더시 윌리엄스 지음, 김정혜 옮김, 알에이치코리아, 2013년.
『원소의 이름』, 피터 워더스 지음, 이충호 옮김, 윌북, 2021년.
『원자폭탄 만들기1~2』, 리처드 로즈 지음, 문신행 옮김, 사이언스북스, 2003년.

『이노베이터 CEO 에디슨』, 마이클 겔브·사라 밀러 칼디코트 지음, 신선해 옮김, 한언, 2008년.
『일곱 원소 이야기』, 에릭 셰리·올리버 색스 지음, 김명남 옮김, 궁리, 2018년.
『잃어버린 숲』, 레이첼 카슨 지음, 김홍옥 옮김, 에코리브르, 2018년.
『자연 그 경이로움에 대하여』, 레이첼 카슨 지음, 표정훈 옮김, 에코리브르, 2002년.
『자연의 재료들』, 필립 볼 지음, 강윤재 옮김, 한승, 2007년.
『전류전쟁』, 마이크 윈첼 지음, 김시내 옮김, 다른미디어, 2019년.
『주기율표로 세상을 읽다』, 요시다 다카요시 지음, 박현미 옮김, 해나무, 2017년.
『주기율표를 읽는 시간』, 김병민 지음, 동아시아, 2020년.
『주기율표의 사생활』, 벤 스틸 지음, 김아림 옮김, 해나무, 2017년.
『침묵의 봄』, 레이첼 카슨 지음, 김은령 옮김, 에코리브르, 2024년.
『퀴리&마이트너 마녀들의 연금술 이야기(지식인마을 29)』, 박민아 지음, 김영사, 2008년.
『현대과학혁명의 선구자들(신과학총서 60)』, 계간 과학사상 편집부 편, 범양사출판부, 2002년.
『화학(그림과 사진으로 보는 주기율표의 역사, 세상을 바꾼 위대한 생각 100)』, 톰 잭슨 지음, 김민정 옮김, 원더북스, 2016년.
『DNA 신비를 찾아 DNA 백년사』, 프랭클린 폴투갈 지음, 이대실 옮김, 한림원, 1995년.
<DNA 구조 규명의 핵심 공헌자 오해와 편견에 묻혔던 위대한 과학자>, 조선일보, 2023년.
노벨재단 홈페이지
Britanica
https://www.nobelprize.org/prizes/chemistry/
Wikipedia

어린이 과학 인문 시리즈 ②
노벨상 수상자보다 빛난 천재 화학자들
: 원소 주기율표에서 DNA까지 세상을 바꾼 위대한 15명의 연구 업적

초판 1쇄 발행 2026년 1월 30일

글쓴이 이억주 · 송은영
그린이 양혜민
책임편집 함소연
디자인 신영미

펴낸이 이경민
펴낸곳 ㈜동아엠앤비
출판등록 2014년 3월 28일(제25100-2014-000025호)
주소 (03972) 서울특별시 마포구 월드컵북로22길 21, 2층
전화 (편집) 02-392-6901 (마케팅) 02-392-6900
팩스 02-392-6902

SNS
전자우편 damnb0401@naver.com
홈페이지 www.moongchibooks.com

ISBN 979-11-6363-688-5 (74400)
979-11-6363-567-3 (세트)

※ 책 가격은 뒤표지에 있습니다.
※ 잘못된 책은 구입한 곳에서 바꿔 드립니다.

뭉치 MoongChi Books
도서출판 뭉치는 ㈜동아엠앤비의 어린이 출판 브랜드로, 아이들의 지식을 단단하게 만들어 주고, 아이들의 창의력과 사고력을 키워 주어 우리 자녀들이 융합형 창의 사고뭉치로 성장할 수 있도록 좋은 책을 만들겠습니다.